JN062325

中央法規

はじめに

「こどもの権利」について、最近はいつ聞いたり、考えたりしましたか。いろいろな子がいて、いろいろな先生がいて、いろいろな保育園があります。そんななかで誰もが、こどもにとってよくなるように、それぞれの立場で手を取り合ってがんばってきました。私は社会保険労務士としては、保育の量の問題も、保育の質の問題も、どちらもこどもにとってどうなのかと思い、「大人の権利」も考えてきました。特に園長と一緒に考えることが多かったと思います。保育者とは、「こどもの人権擁護」などの観点から、長年一緒に学び合い、研修会などもしてきました。しかし特に近年、保育者の労働環境がこどもの保育環境に直結するといった当初の論拠を飛び越えてくるような、こどもの不利益そのものであろう問題が山のように表に出てきました。あらゆる方面からいろいろなかたちで飛び込んできました。「それはそうだろう」「どうしてそうなるのだろう」などと直面することになりました。それが、“不適切な保育”と呼ばれる問題でした。焦りや不安などいろいろな悲しい気持ちを感じました。“私はずっと同じ保育分野にいたのに”と責任の一端も感じていました。園長や保育者や行政の方々と一緒に頭を抱えることになりました。

そこで一度立ち止まって、「こどもの権利」について「中間整理」をする必要を感じました。本書は、「こどもの権利」について、なるべくありのままの実際の実務面から、「中間確認」をしようとするものです。それぞれの現場で小さなヒントやきっかけになることを目的としています。本書では、必要に応じて情報を加工しながら、書ける範囲でそのままの事例やワークで紹介しています。つまり、もどかしく感じる生々しい事例やワークがたくさんつまっています。すべて保育者やこどもたちの行き場のなかった声といえるでしょう。保育現場だけでなく、社会全体で「こどもの権利」を大切にしようとしていく流れのなかのものでもあります。保育現場では「保育の質」が問われますが、社会全体では「育ちの質」（育ちにかかわる質）を、こどもから見てどうなのか、考えていく機会がどんどん増えます。こどもが思いを表明しながら、社会で一緒によりよい意味のある参画をし、みんなにとってよくなる社会へ変わることが必要になっているからです。そのときに大切になるのが「こどもの権利」です。

たとえば1歳の子が、覚えたての歌を、顔を真っ赤にしながら一人で熱唱しています。隣の子は、いも虫に一点集中してつついています。さらに隣の子は鼻や穴という穴に指を入れることに余念がありません。このときどのようなはたらきかけをしているでしょうか。

4歳の子が、「挨拶をしなさい」と母親から声高に諭され、先生からは低い姿勢から無言で顔を覗き込まれてピンチに陥っています。このとき組織的にどのように助け合ったり振り返ったりしているでしょうか。こどもの最善の利益（興味関心）がまんなかになり、こどもも先生も保護者もみんなが育ち合う主体となっているかどうか、発達過程や環境構成なども踏まえて、言いたいことを言える同僚性は、保障されているでしょうか。こどもの権利について、あらためて保育者個人がもつそのすばらしい肌感覚でわかるだけではなく、組織的にも理解して他者に説明ができるようになっているでしょうか。こどもの権利について、当のこども本人やこども同士はどこまで感じ取ることができているでしょうか。

本書では、そのような問いに向き合う際に、どのような構成となるのが望ましいかを考えながら作成しました。第１章では、そもそもなぜ今、こどもの権利が保育に大切なのか、一緒に考えていきます。覚えるものではなく、何でだろう、どうしてだろうと思い思いに考えてみてください。第２章では、こどもの権利を保育施設で大切にするためにどのような法律などがあるのか、一緒にみていきます。保育士は国家資格ですから、こどもにかかわる法令や施策に触れてなじんでいく必要があります。第3章では、こどもの権利を保育現場でのいろいろな場面ごとにイメージできるように、一緒に点検していきます。主に「こどもの権利条約」第１部のほぼすべての条文を、保育の場面のなかで紹介しています。場面ごとにチェックリストも設けていますので、現場の実情などに応じて活用していただきながら、もっと使いやすいものに作り変え続けてもらいたいところです。第4章では、こどもの権利を大切にするためには、たとえば、どのようなスキルが保育者一人ひとりに必要になるのか一緒に磨こうとしていきます。今まで一人ひとりが自然とやっていたであろうことも、具体的に学べるように体系化し、誰もが共通してできるように見える化したものでもあります。第5章では、こどもの権利を同僚や組織全体で大切にし続けていくには、たとえば、どのような取り組みができるかを一緒に試行錯誤していきます。同僚間や組織内の対話を通じて取り組み、対話をしたことが成果物として残る実践例を中心としています。取り組みやすいものから取り組んだり、すでにやっている取り組みは引き続き確かなものにしていきましょう。「権利」は英語では「right」ですが、「正義」というイメージが強いかもしれません。正解はありません。みんなで考えていきましょう。

もくじ

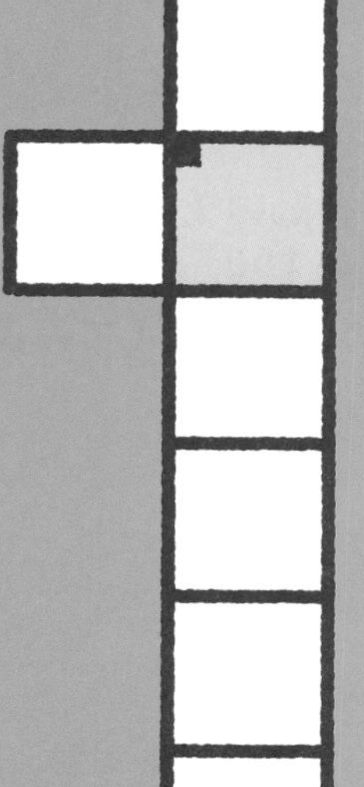

第3章
こどもの権利から不適切な保育を考えてみよう

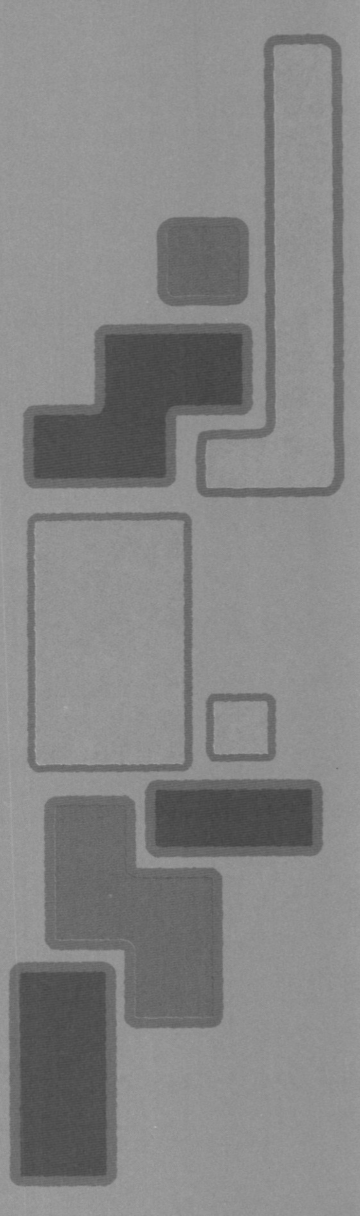

第4章 保育者が身につけたいこどもの権利を大切にするスキル

第5章 園でできる こどもの権利を 大切にする 取り組み

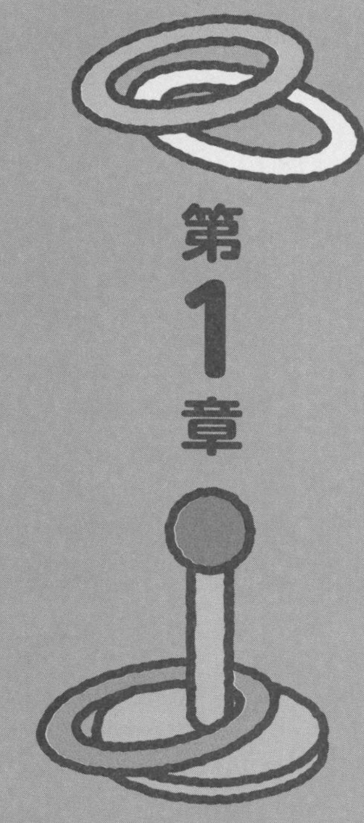

第1章 こどもの権利を大切にする保育とは

こどもの権利（こどもの人権擁護）を考えることは、不適切な保育（虐待等を含む）を予防・解決する手立てになります。不適切な保育（虐待等を含む）を考えることは、こどもの権利（こどもの人権擁護）を大切にする保育を見つめ直すヒントになります。それは保育者や保育施設を守ることにもつながります。なぜなのか、どうしたらよいか、一緒に考えていきましょう。

今、保育の現場で何が起きているか？

保育施設では、こどもの安全と安心が最優先になるため、こどもの安全と安心につながらない保育者の行為は、「児童の心身に有害な影響を与える行為をしてはならない」と禁止されています（児童福祉施設の設備及び運営に関する基準（昭和23年厚生省令第63号）第９条の２）。そして、すべての保育施設や保育者は「子どもに対する体罰や言葉の暴力が決してあってはならないことはもちろんのこと、日常の保育においても、子どもに身体的、精神的苦痛を与えることがないよう、子どもの人格を尊重するとともに、子どもが権利の主体であるという認識をもって保育に当たらなければならない」ことを共通認識されているでしょう（保育所保育指針解説）。

不適切な保育については、2022（令和４）年11月末に保育士による園児への虐待事件が大きく報道され、その後も不適切な保育に関する報道が相次ぎました。2021（令和３）年３月には「不適切な保育の未然防止及び発生時の対応についての手引き」が作成されており、それ以前に2017（平成29）年３月には全国保育士会が作成した「保育所・認定こども園等における人権擁護のためのセルフチェックリスト～「子どもを尊重する保育」のために～」が公表されています。

こどもの人権擁護について意識を高め、「こどもを置き去りにした保育」「保育者の都合で進める保育」などとなっていないか振り返り、こどもにとって望ましくないかかわりを予防・対策しようとする取り組みは広がっているはずです。

国においても全国的な実態調査が実施され、2023（令和５）年５月には「「保育所等における虐待等の不適切な保育への対応等に関する実態調査」の調査結果について」が報告されました。

保育施設全体で「不適切な保育」は1361件、このうち「虐待」は132件確認され、同月、策定された「保育所等における虐待等の防止及び発生時の対応等に関するガイドライン」（以下「不適切な保育に関するガイドライン」）では、保育施設における虐待等の考え方や具体例、関係各所の対応の流れなどが明記されました。保育者が少しでも気になった行為が不適切な保育になるのではないかと萎縮したり、同僚の気になる言動などを指摘しないで必要な対応が遅れることを防ぐためでもありました。

しかし、その後も「虐待等が行われていた」という報道が全国で相次ぎました。

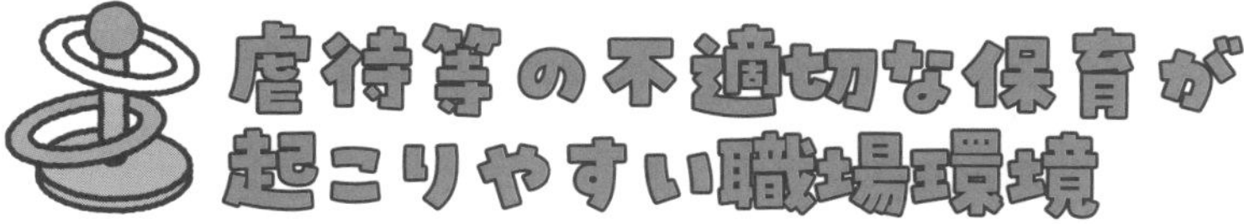

虐待等の不適切な保育が起こりやすい職場環境

不適切な保育が起こりやすい職場環境に陥っていないか、保育所保育指針や保育所保育指針解説からは「するとよい」目安が見えます。「不適切な保育に関するガイドライン」等からは「してはいけない」と思われる行為が見えます。

たとえば、こどもの「泣く」という表現です。保育所保育指針解説では、「泣くことは、自分の思いや欲求を保育士等に訴える手段である。子どもが泣いていると、「泣き止ませなければならない」と考えてしまいがちだが、大切なのは、泣かずにいられない子どもの思いを汲み取り、受け止めて、適切に応えていくことである」と記されており、具体的にどうするとよいか解説が続きます。一方、「不適切な保育に関するガイドライン」では、「泣き続けるこどもに長時間関わらず放置する」ことは、ネグレクトの例として示されています。

保育者個人の倫理観・価値観等に基づく言語・非言語の「直接的暴力」を責めても、その背景に潜む根本的な問題を解決しないと不適切な保育等がなくなることはありません。同僚間等のコミュニケーションが軽視されると、心理的安全性のない「文化的暴力」が現れ、一方的なリーダーシップ等の職場の体制から「構造的暴力」が生じます。これらの「３つの暴力」は絡み合っていき、ガバナンスは保たれず、コンプライアンス（法令遵守）からも逸脱して、不適切な保育が疑われる職場環境となってしまうのです。

「３つの暴力」を予防するために、保育施設のマネジメントは「こどもの人権擁護」の観点から大きく３つの面で必要となります。１つ目は、「専門性のマネジメント」の面です。保育者個人レベルで必要であり、直接的暴力を予防します。２つ目は、「同僚性のマネジメント」の面です。リーダー的職員のレベルで必要であり、お互いにチェックし合う牽制機能を果たします。会話も対話も満足にできず不適切な保育に目が行き届かないために、こどもを慣習や風土のなかで痛めつけてしまう文化的暴力を予防します。３つ目は、「組織性のマネジメント」の面です。園長等のレベルで必要であり、法令に基づいて指導する統制機能になります。職員の人権擁護を疎かにして、こどもに悪影響が出る構造的暴力を予防します。

「こどもの人権擁護の観点から望ましくないかかわり」の問題を、こどもの育ちにかかる質の課題としてとらえ、専門性・同僚性・組織性の３面から組織を体系的にマネジメントして保育施設の内外で実行しないと、質の低い保育となる流れが生じやすくなります。そして、不適切な保育へと深刻化していきます。

「こどもの心身に有害な影響を与える行為」を含めて虐待等と定義されますので、たとえば、「うるさい！」「泣かないの！」などと、ため息交じりに粗雑にかかわり続けることは虐待等を疑われかねません。不適切な保育と疑われる行為はただちに虐待等となるわけではなく、「こどもの状況、保育所等の職員の状況等から総合的に判断する」ことになります。その際は、「こどもの立場に立って判断すべきことに特に留意する」ことが大切になります。不適切な保育が起こりやすい職場環境へとなる予兆はないかどうかなど、「３つの暴力」を止められるように３つの面でマネジメントし、一緒に助け合うことが必要となります。

保育現場でマネジメントという概念が浸透したのは、「保育士等キャリアアップ研修ガイドライン」で、研修の８分野の１つに「マネジメント」が組み込まれてからでしょう。「不適切な保育に関するガイドライン」では、「中堅層に対するキャリアアップ研修による人権意識の醸成とともに、新任研修や施設長・園長等向けの研修などキャリアステージに応じた働きかけも有効」と示されています

３つの暴力

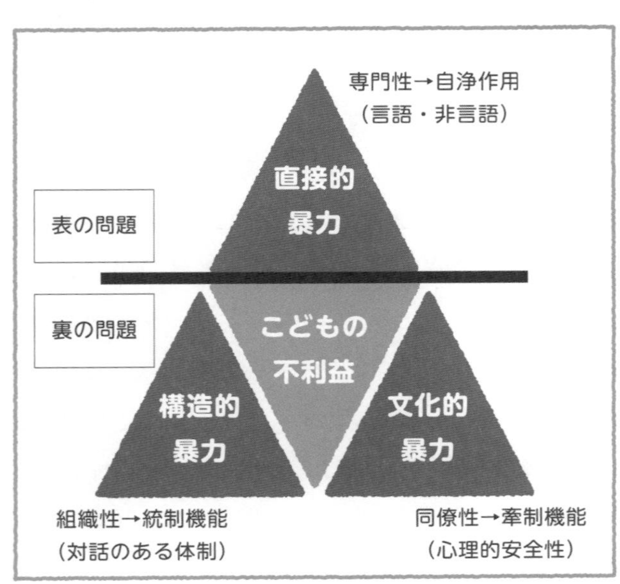

が、園長等や新任職員がマネジメントを学ぶ機会は少なく、ミドルリーダーが学んできたことを職場で共有する機会も保育現場では多くはないでしょう。

保育所保育指針では、「保育所においては、当該保育所における保育の課題や各職員のキャリアパス等も見据えて、初任者から管理職員までの職位や職務内容等を踏まえた体系的な研修計画を作成しなければならない」と記されており、「不適切な保育に関するガイドライン」では、「虐待等が行われた背景や保育者が抱える組織的な課題は、個々のケースにより異なる。その改善のための取組の在り方も様々である」とされ、支援の一例として「組織マネジメントに関する助言・指導」が記されています。

虐待等の不適切な保育がもたらすさまざまなリスク

虐待等の不適切な保育が起こりやすい職場環境では、どのようなリスクが生じやすいでしょうか。不適切な保育が見過ごされてしまう職場では、保育を語り合うことが少なく、保育環境や人間関係が悪化し、精神状態も悪化し、社会的信用が失墜してしまうなど、リスクが重篤化しやすくなります。

最も取り返しのつかない不測のリスクは、こどもが命を落とすことです。「令和４年教育・保育施設等における事故報告集計」によると重大事故は2456件と毎年増え続けており、死亡事故は５件です。「教育・保育施設等における事故防止及び事故発生時の対応のためのガイドライン」では、死亡や重篤な事故が防げるよう、予防法と事故後の適切な対応を示しています。特に、睡眠中、プール活動・水遊び中、食事中、アレルギー対応の場面は重大事故が発生しやすいため、注意事項を踏まえた対応が必要となります。

たとえば、食事の介助では「落ち着いて食べることができるようこどもの意志に合ったタイミングで与える」「食べ物を飲み込んだことを確認する」など、適切な対応が必要となります。「１回で多くの量を詰め込む」「眠くなっているのに与える」「大きな声で急かす」など、不適切な保育と疑われる行為は事故のリスクを高めます。また、ミニトマト、カップゼリー、りんごなどを配慮せずに与えていることがあります。過去６年間で５歳以下のこどもが窒息・誤嚥事故で73名も命を落としており、「５歳以下の子どもには食べさせないで」と注意喚起がなされていることを、重く受け止める必要があるといえます（2021（令和３）年１月、消費者庁）。

「特定教育・保育施設等における事故情報データベース」にある各年度の事故概要・事故詳細などは参考にできます。組織的な対話がなされず「暗黙のルール」となり、情報共有を含めたコミュニケーションが「暗黙のコミュニケーション」になるなど、不適切な保育と類似する共通点が見えてくるかもしれません。こどもに関する事故に向き合うことで、「不適切な保育」がこどもの心身に有害な影響を与え、死亡事故や重大事故を呼び込む要因となるおそれが感じ取れるでしょう。

2023（令和５）年９月にとりまとめられた「「幼児期までのこどもの育ちに係る基本的なヴィジョン（仮称）」の策定に向けた中間整理」（以下「育ちビジョン」）では、こどもの「はじめの100か月」は人生の基盤的時期となる「人生最初期」（感受性期）であり、その重要性が記されています。

「育ちビジョン」に収載されている「こどもまんなかチャート」は、こどもを中心にして社会のすべての人の役割をビジュアルに示しています。保育者はこどもと日常的に「直接接する人」、保育施設の運営者などは「こどもを見守る人」となります。これらの人々が不適切な保育と疑われる行為をすれば、こどもの「自分

こどもまんなかチャート（こども家庭庁）

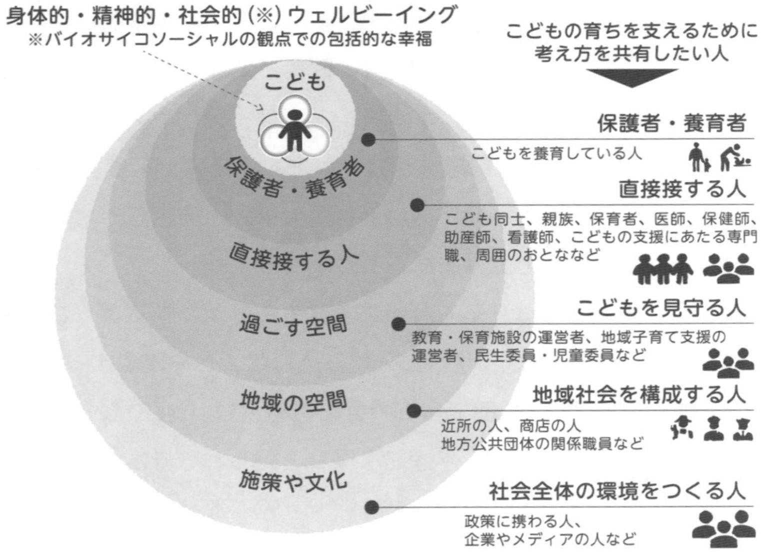

※空間には、幼児教育・保育施設や子育て支援の施設のみならず、公園や自然環境、デジタル空間含む

や社会への基本的な信頼感」は揺らぎかねません。

たとえば、「不適切な保育に関するガイドライン」では、①虐待等を行う他の保育士・保育教諭などの第三者、他のこどもによる身体的虐待や性的虐待、心理的虐待を放置する、②他の職員等がこどもに対し不適切な指導を行っている状況を放置するなどは、ネグレクトの例として示されています。こどもと「直接接する人」からの好影響もあれば悪影響もあるでしょう。虐待等を含む不適切な保育は、こどもにとってトラウマになりかねません。学童期以降のいじめ、自死、不登校が増え続けていることも、こどもの「人生最初期」の過ごし方と無関係ではないでしょう。

虐待等の不適切な保育を予防・解決するメリット

「不適切な保育に関するガイドライン」にあるように、行為者は「こどもへの親しみを表しているつもりの行為」で、同僚は「気になりつつも指摘せず済ませてしまったりする」なかでも、誰かが気づいて気軽に声を出し、問題が深刻化する前に脱け出すことができます。

園長等を中心に「対話が生まれる体制」「対話ができる環境」を保障して、保育施設の内外で必要に応じて改善をする一連の流れができることでもあります。不適切な保育に向き合うことは、こどもの育ちにとってよいことは何か、当事者としてできることは何かなどを考えるチャンスでもあり、園として成長が期待できる機会と考えることもできるでしょう。

2023（令和５）年６月の「保育行政の動向と課題について」（こども家庭庁）では、①指導計画は、年、期、月、週、日の５つ全部が必要ではなく、保育所保育指針解説にあるように、こどもの実態や園の実情に合わせて工夫し、長期・短期の２つの計画があればよい、②行事は、こどもたちの変化や潤いとなるように日々の育ちの流れを意識すればよい、③全業務は、こどもの育ちに本当に必要か「精選」すればよいことがわかります。

不適切な保育を起こりうることとして、自分事として考えることで、園の「話しやすい雰囲気」が醸成され、「対話できる体制や環境」が整備されていきます。一人で抱え込まなくてもよくなり、その保育者しかわからない属人的な保育ではなくなります。今まではそれでよかったやり方が、これからはどうするのか、一歩ずつ前進していくことができるようになります。

こどもの人権擁護について考える

不適切な保育の背景には、こどもと大人の人権擁護の問題があります。人間は、身体も心も余裕がないと余裕ある言動や態度をとることが難しいですが、置き換えると、保育者が疲弊している現実があるといえます。保育者が疲弊しているとその影響はこどもたちに及び、こどもを酷使してしまうことにもつながりかねません。日本国憲法第27条（勤労権）では、次の３つを定めています。

> **第27条**　すべて国民は、勤労の権利を有し、義務を負ふ。
> 2　賃金、就業時間、休息その他の勤労条件に関する基準は、法律でこれを定める。
> 3　児童は、これを酷使してはならない。

保育現場で考えると、①こどもの人権を擁護する義務が保育者にはありますが、②勤務時間は不規則で長時間拘束され、休息も満足に取れないなど保育者の人権が擁護されていないと、③こどもに命令や禁止を強制したり不適切な保育を疑われる行為などが表れやすい、ということです。

保育者を駒のように扱えば、大人の人権を侵害するおそれから、こどもの人権を侵害するおそれが生じます。まず、大人の人権擁護の観点から考えてみましょう。人権とは「人間が人間として生まれながらにもっている権利」（人間の権利）です。それに対して、大人の権利は「人間が後からつくった法令により付与される権利」（付与の権利）と考えてみましょう。次に、こどもの人権擁護の観点を考えてみましょう。大人と同じく「人間が人間として生まれながらにもっている権利」（人間の権利）がありますが、大人が擁護することで成り立つ側面があります。たとえば、おむつを濡らして不快な思いを表明しているのに、おむつ替えの時間ではないから放置することは、こどもの尊厳を傷つけることになりかねず、結果として、不適切な保育に直結しやすくなります。

それに対して、こどもの権利とは「こどもがもっているこどもならではの固有の権利」(こども固有の権利)です。たとえば、意見表明権です。この意見はこどもの思いであり欲求そのもののさまざまな表れです。欲求を表明しても応答されないと、表明しても意味がないと学習して、次第に自分の思いを飲み込むようになります。

また、虫取りに余念のない子に、「先生、虫嫌い」などと対応するのは、「望ましくないと考えられるかかわり」と直結しやすくなります。保育者は、こどもの興味関心に寄り添い、その興味関心を広げたり深めることがその役割の1つといえます。虫に詳しい先生やこどもを紹介する、絵本や図鑑で虫の特徴を見るなど、できることはたくさんあるでしょう。

今、不適切な保育の話題が世間を騒がせているのは、こども基本法やこども大綱、育ちビジョンなどの法制度等が整えられていることからもわかるように、こどもの社会参画が課題となっており、「こどもの人権擁護」に関する専門性が問われているということです。

「人権擁護に関する世論調査」(内閣府)によると、日本における人権問題は、①ネットでの誹謗中傷等、②障害者、③こども、③女性の4つが大きな割合を占めています。こどもに関する人権問題は、①いじめ、②虐待、③体罰、④気がついているのに何もしないこと、⑤こどもの意見を無視することの5つが大きな割合を占めています。

こどもの人権擁護

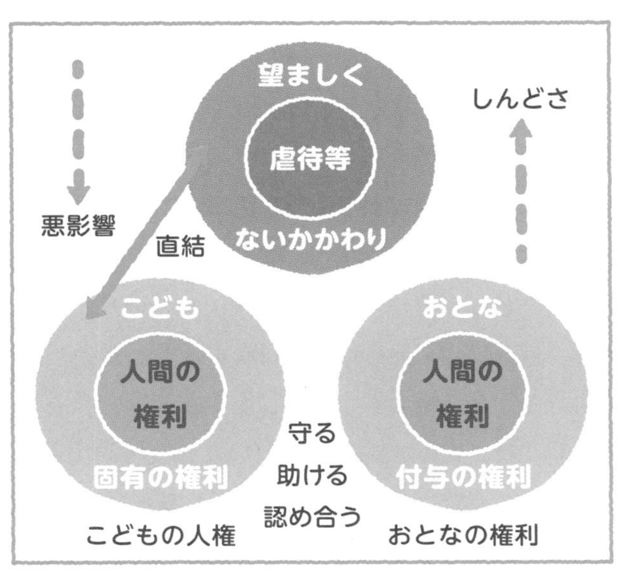

保育施設はいずれにも直面しやすい環境にあるため、①一人ひとりの人格を尊重し、こどもの人権擁護について意識を高め、こどもの人権に十分配慮した保育を全職員で行っていますか、②日々の教育保育を職場全体として振り返る体制を整えたり、計画的に研修をしたりするなど、不適切な保育を未然に防止するために組織的に取り組んでいますか、③具体的な取り組み内容は何ですか、などと保育施設に対する指導監査などの重点事項となります。

こどもの人権擁護に関することは、「こどもの意思および人格を尊重した保育をしていない」「こどもの発達の特性や過程を無視した対応をしている」などと、指摘事項に表れます。保育施設だからこその最優先課題といえます。

本書では、こどもの人権を「人間が人間として生まれながらにもっている権利」（人間の権利）と「こどもがもっているこどもならではの固有の権利」（こども固有の権利）の総体としてとらえ、大切にすることを考えます。保育者側からいえば、こどもの日常の遊びや学び、生活のなかで「話を聞いてもらえる」「自分で選ぶ」「自分で決める」「意思決定に参加する」という機会を積極的につくり、好奇心や探究心を育てていくことになります。

こどもの権利について考える

「こども基本法」で明示されたこどもの権利が絵に描いた餅にならないよう、「こども大綱」でこどもの権利にかかわる政策を推し進め、「育ちビジョン」でこどもの育ちの観点からこどもの権利が方針として共有されています。

保育者は、こどもやこどもの権利を中心に考えましょう。たとえば、シフトを回すことで手一杯な状況や、同僚や上司の不適切な保育と疑われかねない行為への対応がわからないなどの状況下で指針となるのがこどもの権利です。

「こども基本法」「こども大綱」「育ちビジョン」などのもと、こどもの権利の観点で考えることは、保育現場で迷った際に判断する力となり、保育施設で話し合い考え合うときの揺るがない軸にもなるでしょう。

こどもの権利条約では、不滅のこどもの権利が約束されています。「こども基本法」は、こどもの欲求の表明に応答し、こどもも当事者として参画することを重視します。こども基本法やこどもの権利条約（第１部の第１条〜第41条）に触れて、保育現場で理解を深めるとよいでしょう。同時に、第２部の第42条を考えましょう。「条約広報義務」は、保育者をはじめ専門職や専門機関がそれぞれの立場で責任を負います。こども自身がこどもの権利を知らないとお互いの権利を尊重し合うこともできないので、「こどもの権利教育」をこどもと一緒に行うことも大切です。

「不適切な保育に関するガイドライン」のネグレクトで例示されている「その他職務上の義務を著しく怠ること」にある義務とは、「こどもの権利を大切にした保育」を実施することです。同ガイドラインには、「保育士・保育教諭同士による振り返りの場や、施設での話し合いの場」「施設長・園長や主任保育士等を対象とした会議」「新任研修や施設長・園長等向けの研修」「中堅層に対するキャリアアップ研修による人権意識の醸成」など、すぐに取り組めることが記されているので、参考になるといえます。

保育者は、こども期の感性や想像力が目覚ましいことを感じているでしょう。こどもは目の前の課題を発見し、自ら感じて、経験しながら試行錯誤をし、人とつながりながら乗り越える力を備えていきます。保育者はこどもと一緒に、こどもの権利を豊かなものに発展させていくとよいでしょう。

「育ちビジョン」が照らすように、保育施設では、人生最初期から専門家が専門的にこどもの発する声に耳を澄ませ、思いや願いを受け止め、こどもの社会参画を支え、こどもの権利が社会のすべての人に認知されるように支援することができます。こどもとともに育っていく保護者・養育者や、保育者や子育て支援者が、社会からその尊い役割を応援され、こどもの笑顔や成長を喜び合うことができる社会を、私たちすべての人が当事者として手を取り合って、つくっていきましょう。

こどもとけんりのおはなし❶

にんじん

フランスの作家・ルナールの小説『にんじん』は、ルナール自身のこども期の体験によるお話です。フランソワという赤い髪の毛とそばかすだらけの男の子は、家族に「にんじん」とあだ名で呼ばれ、虐待の数々で人権を踏みにじられます。自治体によってはこどもをあだ名で呼ばないように定めていますが、こどものことをどう呼んでいますか。なにげなく見えることでも、毎日の日常に溶け込んでいくと、自然にエスカレートしてしまうことを感じ取ることができます。

人権侵害は、行為者だけの問題ではありません。たいていは協力者や黒幕が背後に潜んでいます。「にんじん」の場合、お父さんは仕事にかまけて見て見ぬふりをし、兄は加勢し、姉は保身をします。「にんじん」の痛みはどこに向かうでしょう。モグラや友だちに当たり散らし、やさしいお手伝いさんを追い出してしまいます。「一度慣れてしまったら、ひどいと感じなければいけないことは、１つもない」と人間性を失いそうになりながら、自分を痛めつけ、他者にはけ口を求めてしまうかもしれません。

「にんじん」のような子はいませんか。「にんじん」のような先生はいませんか。残酷なループになる前に、いろいろな思いに応答してくれる人はいますか。こどもはいろいろな表現で声を表明し、保育者がどう応答しているか、どんどん吸収していきます。「ぼくなんか、誰も愛してくれない」と、本当の思いを出すことをあきらめてしまうこともあるでしょう。保育者が温かく応答することで、こどもの思いを表明してもらえるとうれしいものです。

第2章

こどもの権利に関する法律などを知ろう

私たちは何をしたらよいか役割がわかると、気持ちが楽になります。迷いがなくなり自信ももてます。こどもの権利に関する法律を知るということは、保育者の義務に関する法律を知ることになります。ワンポイントからでいいです。ワンポイントで合言葉のように語り合えるようになります。

こども基本法のポイントをおさえよう

２つの□□には、特に保育者にとっての「こども基本法」のキーワードが入ります。思い当たる同じ言葉を当てはめてみて、「そのわけ」や「今の想い」を話し合ってみましょう。

■こども基本法　第３条（基本理念）

こども施策は、次に掲げる事項を基本理念として行われなければならない。

三　全てのこどもについて、その年齢及び発達の程度に応じて、自己に直接関係する全ての事項に関して□□を表明する機会及び多様な社会的活動に参画する機会が確保されること。

四　全てのこどもについて、その年齢及び発達の程度に応じて、その□□が尊重され、その最善の利益が優先して考慮されること。

こども基本法はどんな法律？

「こども基本法」は、「こどもの権利」を保障するための法律です。保育者にとって特に大切な役割は、こどもの意見（views）を集める「みつばち」となることです。多様な状況にあるこどもの意見を読み取り、聴き取り、色とりどりの「花」が咲くように、いろいろな形の意見が形成されるお手伝いをします。具体的には、①こどもが意見を表しやすい環境づくり、②こどもの意見をよく観てよく聴く姿勢づくりを意識します。こどもの思いに温かく応答します。こどもは影響力を感じ取り、参画が始まります。こどもと近い目線でこどもを支え、こどもの声を引き出すファシリテーターやサポーターのような応答的な役割が期待されているのです。

たとえば、日案を立てるときです。「先生」が「３歳児の集団遊びでルールを理解しながら、オニ（先生）からしっぽを取られないように、ネズミ（こども）が逃げることを楽しむ」と計画しました。実際には、「こども」からは「オニをやってみたい」「こわいから見ていたい」などたくさんの思いや様子（意見）が出ます。先生の声は、①こどもの声（声なき声を含む）を引き出し、②こどもの声を尊重したフィードバックをして、こどもの興味関心（interests／利益）が広がるように用います。

こどもの声を引き出す保育

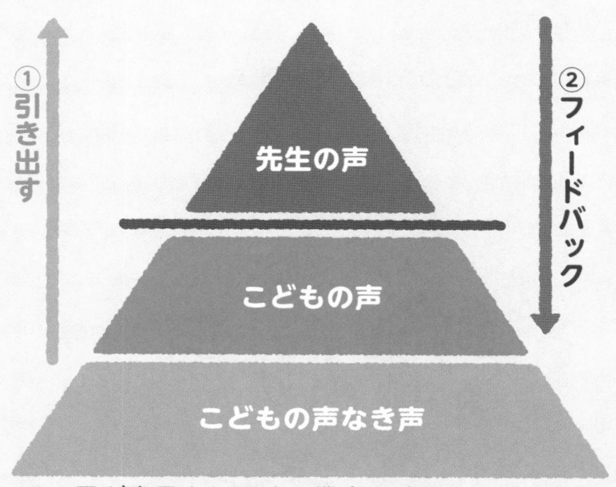

「意見」は、言葉によるopinionではなく、眺めや景色も含めたviewです。viewsと複数形です。こどもはたくさんのサインを出しています。先生の声や表情、仕草などは、安心してこどもの声や表情、仕草などを引き出し、温かい感想などをフィードバックするためにあります。こどもの力が発揮され、保育（社会）に参画が始まります。

こどもの権利条約のポイントをおさえよう①

「こどもの権利条約」（児童の権利に関する条約）は、世界的な基準からこどもの人権の尊重、こどもの権利の促進を約束した条約です。□□にそれぞれの言葉を書き込み、その意味を語り合ってみましょう。

■こどもの権利条約

第3条

児童に関するすべての措置をとるに当たっては、公的若しくは私的な□□□□施設、裁判所、行政当局又は立法機関のいずれによって行われるものであっても、児童の最善の□□が主として考慮されるものとする。

第41条

この条約のいかなる規定も、次のものに含まれる規定であって児童の□□の実現に一層貢献するものに影響を及ぼすものではない。

(a) 締約国の法律

(b) 締約国について効力を有する国際法

こどもの権利条約はどんな条約？

「こどもの権利条約」は、世界中のすべてのこどもたちがもつ権利を定めた条約です。1989年11月20日、第44回国連総会において採択されました。この条約の締結国・地域の数は196あり、世界で最も広く受け入れられている人権条約です。日本は1994（平成６）年になってから158番目に批准（ひじゅん）しています。

こどもが権利をもつ主体であることを明確に示し、こどもが大人と同じように、一人の人間としてもつさまざまな権利（「する権利」）を認めるとともに、成長の過程にあって保護や配慮が必要なこどもならではの権利（「してもらう権利」）も定めています。「差別のないこと」「こどもにとって最もよいこと」「命を守られ成長できること」「こどもの意見が尊重され意味のある参加ができること」の４つが原則です。

それでは、社会福祉施設の１つである保育施設では、具体的にどのような「する権利」「してもらう権利」を大切にすればよいでしょうか。そのときの合言葉が「最善の利益」です。その子にとっての一番の興味関心は何か、どの子にとってもうれしいことは何か、の両面から考えることが大切です。

最善の利益のサンドウィッチ

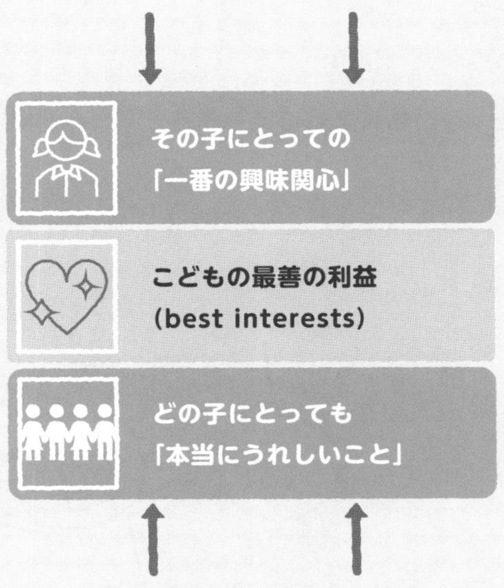

具材の最善の「利益」は、興味関心のinterestsです。その子には「今を生きる権利」「人間である権利」があります（コルチャック）。今、好きなパン（一番の興味関心）と、誰でもうれしくなるパン（本当にうれしいこと）で、その子の心（思い）を包むことで、その子の最善の利益が保障されます。

こどもの権利条約のポイントをおさえよう②

「こどもの権利条約」第13条は、さまざまな表現方法でさまざまな情報（思いや考えを含む）を「伝える権利と知る権利」を定めています。□□に言葉を書き込み、たとえば、どのような表現方法による自由なのか、語り合ってみましょう。

■こどもの権利条約　第13条

1　児童は、□□の自由についての権利を有する。この権利には、口頭、手書き若しくは印刷、芸術の形態又は自ら選択する他の方法により、国境とのかかわりなく、あらゆる種類の情報及び考えを求め、受け及び伝える自由を含む。

2　1の権利の行使については、一定の制限を課することができる。ただし、その制限は、法律によって定められ、かつ、次の目的のために必要とされるものに限る。

a　他の者の権利又は信用の尊重

b　国の安全、公の秩序又は公衆の健康若しくは道徳の保護

こどもの権利条約第13条はどんな条文？

こどもには、自由に表現する権利があります。たとえば、こどもは「いたずら」が大好きです。「うそ」を楽しんだりもします。では、好き勝手に伝えてよいかというと、そんなことはありません。「かみつき」「ひっかき」など、こども自身が表現に困って現れる行動もあります。しかし、叱るよりも前に、保育者には情報を「お知らせする」ことが求められます。「自由に表現する権利」を大切にするためには、こどもが「伝える権利と知る権利」をセットで考えるとよいでしょう。

ある日のお迎えの時間。いつもは時間前に迎えに来るお母さんが18時を過ぎても来ず、３歳のミクちゃんは「何で来ないんだ」と大泣きして、手足をバタつかせています。大ピンチです。保育者は、「泣く」といった全身を使った表現（views）を否定するのではなく、温かく応答し、受容と共感のスタンスをキープです。そして、今どんな状況なのか、その子にわかるように必要な情報や選択できる情報をお知らせすることで、その子は本当にしたい方法で伝えられます。涙をふいて先生の手をとるなど、表現方法が変わったりします。

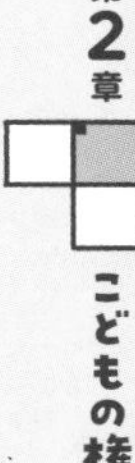

こどもの自由な表現の成長

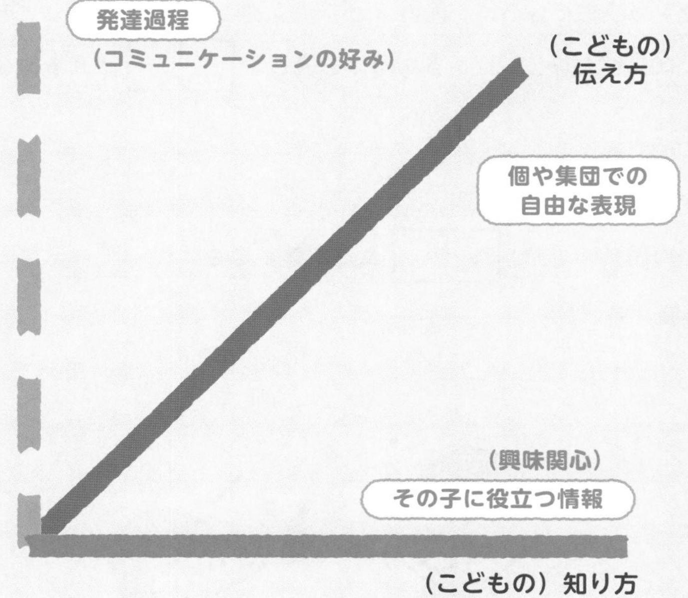

その子のコミュニケーションの好みを踏まえた育ち（縦軸）を見極めながら、その子の興味関心を踏まえた役立つ情報（横軸）を温かく伝えます。すると、その子らしい自然な伝え方が、だんだんと個や集団のなかで自由に表現できるようになっていきます。

こどもの権利条約のポイントをおさえよう③

「こどもの権利条約」第12条は、自分に関係することに自ら「意見を表明し参加する権利」を、第14条は、自分がいいと思うことで他人から「思いや気持ちを否定されない権利」を定めています。□□にそれぞれの言葉を書き込み、どのような支援が必要か語り合ってみましょう。

■こどもの権利条約

第12条

1　締約国は、自己の意見を形成する能力のある児童がその児童に影響を及ぼすすべての事項について自由に自己の意見を表明する権利を確保する。この場合において、児童の意見は、その児童の年齢及び成熟度に従って相応に考慮されるものとする。

2　このため、児童は、特に、自己に影響を及ぼすあらゆる司法上及び行政上の手続において、国内法の手続規則に合致する方法により直接に又は代理人若しくは適当な団体を通じて□□される機会を与えられる。

第14条

1　締約国は、思想、□□及び宗教の自由についての児童の権利を尊重する。

こどもの権利条約第12条・第14条はどんな条文？

第12条「意見を表明し参加する権利」は、「こどもの権利条約」の４原則の１つとなる条文です。保育者として大切なのは、こどもの意見を喃語（なんご）も含めてあらゆる言葉や音などから「聴くこと」と、表情や態度などから「読み取ること」です。思い（views）に寄り添い応答することが基本です。保育施設として大切なことは、こどもが「意味のある参加（参画）ができる場所となること」です。第14条「思いや気持ちを否定されない権利」は、こどもの「ねぇねぇ」に「なぁに？」などと応答し、「いいこと」「いやなこと」など本音が尊重されることです。

たとえば、絵本の読み聞かせの時間に窓の外をじっと見ている子がいます。このとき、「お話を聞こう」というのは保育者の意見です。こどもは、表情や態度で、意見を表明して参加しています。その子は静かな空間を感じて、外の世界に想像を膨らませているのかもしれません。あるいは、外で遊びたい気持ちが出ているのかもしれません。保育者は“その子にとってよりよく参加するにはどうしたらいいか”を一緒に考えようとし、「お話のあと、お外に行く時間だよ」などの情報を与えて、こども自身が見通しをもてるようにします。同時に、こどもの今の気持ちや思いに興味関心をもち、肯定的に接しましょう。

意見が表明される流れ

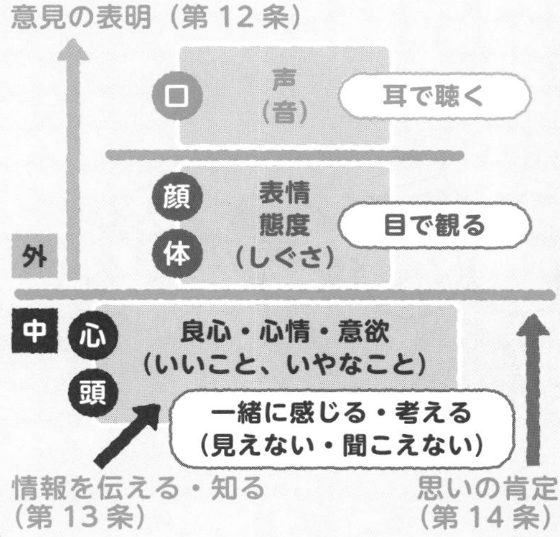

こどもの心や頭の中は、見えないし聞こえませんが、一緒に感じたり考えようとすることはできます。こどもの言葉はなくとも語りかけるなど、丁寧に情報を伝えて、いいことやいやなことなど、本音を肯定的に尊重します。顔や体や口などから安心して意見表明ができます。外に出たサインはよく観てよく聴きます。

前頁の答え（順に）▶聴取、良心

こどもの権利条約のポイントをおさえよう④

「こどもの権利条約」第19条は、ありとあらゆる形の不適切な取り扱いから「守られる権利」がこどもにあることを定めています。□□にそれぞれの言葉を書き込み、個人や同僚と一緒に組織上できることを語り合ってみましょう。

■こどもの権利条約　第19条

1　締約国は、児童が父母、法定保護者又は児童を監護する他の者による監護を受けている間において、あらゆる形態の身体的若しくは精神的な暴力、傷害若しくは虐待、放置若しくは怠慢な取扱い、□□な取扱い又は搾取（性的虐待を含む。）からその児童を□□するためすべての適当な立法上、行政上、社会上及び教育上の措置をとる。

こどもの権利条約第19条はどんな条文？

保護者や保育者などは、ふさわしくない取り扱いからこどもを守る義務があります（第19条「守られる権利」）。その子の様子を観て聴いて、一度、その子の立場に立ってみて「当たり前」「普通」「常識」の３点で点検するようにしましょう（三点点検）。保育者には、不適切な保育を発見したら報告、調査、措置をする義務があります。時間どおりにいかない状況や、こどもの予測のつかない言動や、目の行き届かない環境構成に焦るかもしれませんが、大人が手足や言葉、表情、態度などの武力行使で、こどもの心身を侵してはいけません。

たとえば、ボタンをかけるのを先生に手伝ってもらっている３歳児のジュンくんが、すでに遊び始めている友だちを見て、待ちきれず走り出そうとしました。先生は「お着替え、終わってないよ！」と慌ててジュンくんの服を引っ張って手元に押し戻しました。この行為がこどもにとって疑問がないか、「三点点検」をしてみましょう。「１つできた、２つできた、あと１つ」などと、少し先の見通しを意識できていたら、一緒に待てたかもしれません。

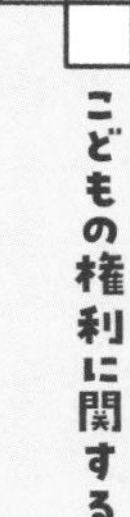

三点点検のサイクル

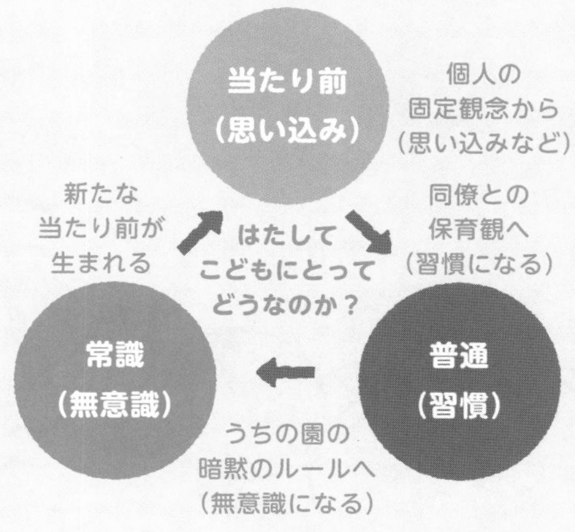

誰にでも思い込みの「当たり前」があります（バイアス）。「当たり前」に流されると同調圧力となり「普通」の習慣となります。職場全体でも「常識」となり、無意識になります。「こどもにとってどうなのか？」をまんなかに三点について語り合い、点検して補正します。

こどもの権利条約のポイントをおさえよう⑤

「こどもの権利条約」第31条は、こどもが「休む権利」「遊ぶ権利」をもっていることを定めています。こどもは遊びのなかで学び、その感性を発揮します。2つの□□に同じ言葉を書き込み、たとえば、どのような感性が素晴らしいと感じるか、語り合ってみましょう。

■こどもの権利条約　第31条

1　締約国は、休息及び余暇についての児童の権利並びに児童がその年齢に適した遊び及びレクリエーションの活動を行い並びに文化的な生活及び芸術に自由に参加する権利を認める。

2　締約国は、児童が文化的及び□□的な生活に十分に参加する権利を尊重しかつ促進するものとし、文化的及び□□的な活動並びにレクリエーション及び余暇の活動のための適当かつ平等な機会の提供を奨励する。

こどもの権利条約第31条は どんな条文？

第31条「休み、遊ぶ権利」は、「休まされ、遊ばされる権利」ではないことに留意します。たとえば、オニごっこに夢中になって走り回って遊んでいるこどもたちに、「冷たいお茶だよ」などと促すことも含めて、こどもが休もうと思う環境設定は保育者の役割です。こどもが自ら遊び込める環境の設定も大切です。また、文化も芸術もまだよくわからない幼い存在としてではなく、こどもの感性を面白がり、こどもならではの文化的で芸術的な活動に注目してみましょう。

たとえば、散歩のときに道端で赤い空き缶を見つけたこどもがいました。そしてそのそばでしゃがみ込み、じっと見ています。ほかの子もそれにつられて集まります。先生が「どうしたの？」と声をかけると、「アリさんが赤いおうちに遊びに行ってる」「ぼくも入りたい」と覗（のぞ）き込んでいます。こどもは、自然や身近なあらゆるものを「不思議だな」「面白いな」と感じることができる芸術家です。「触ったら汚いよ」「危ないよ」と片づけてしまってはもったいないものです。大人はこどもから刺激を受けて、感性を磨いて、生活を彩り豊かにすることができます。

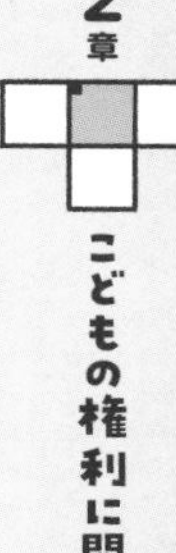

こどもの文化的・芸術的な生活

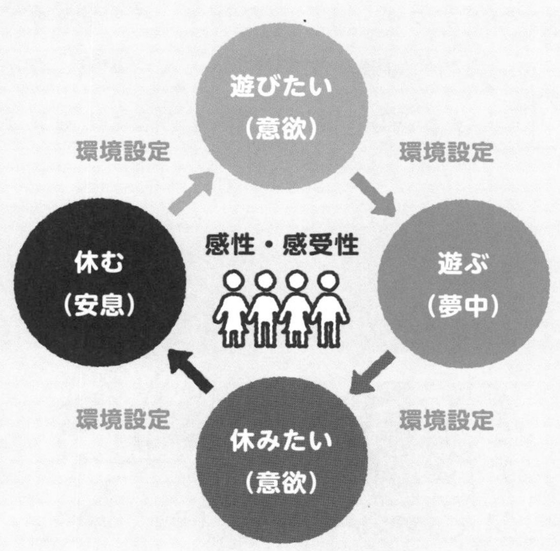

こどもたちにとって環境設定はとても大切です。こどもたちが①発達の程度、②興味関心、③コミュニケーションの好みに合わせて、「やってみたい」と遊び込んだり、「ちょっと休む」と一息ついたりする意欲が発揮できるように保育者は手伝います。こどもたちは夢中になって遊んで挑戦できると、安心して休むこともできます。

前頁の答え（どちらも）▶芸術

児童福祉法のポイントをおさえよう

「児童福祉法」は、こどもの福祉・権利を保障するために、国民の責任を定めた法律です。児童福祉を支える施設や事業、保育士の役割や罰則についても書かれています。□□にそれぞれの言葉を書き込み、その意味を語り合ってみましょう。

■児童福祉法

第１条

全て児童は、児童の権利に関する条約の精神にのつとり、適切に養育されること、その生活を保障されること、□□され、保護されること、その心身の健やかな成長及び発達並びにその自立が図られることその他の福祉を等しく保障される権利を有する。

第18条の４

この法律で、保育士とは、第18条の18第１項の登録を受け、保育士の名称を用いて、専門的知識及び技術をもつて、児童の保育及び児童の□□□に対する保育に関する指導を行うことを業とする者をいう。

児童福祉法はどんな法律？

「児童福祉法」は、こどもの成長や福祉を保障するための法律です。こどもの健全な成長にはこどもの利益や人格・意見が何よりも優先されるべきとしており、こどもの権利を守るための義務を保護者だけでなく、国民全体、国と地方自治体にも課しています。

こどもが成長していくための基本的精神や機能が主に定められており、「愛される権利」が明文化されています。保育者は２つの観点から理解しておくとよいでしょう。１つ目は「安全基地」の観点です。安全基地とは、安心・安全・探索（遊ぶ）の３つがそろった場所です。こどもはそれにより愛着形成ができます。保育者は家庭が安全基地になれるよう、こどもの成長を伝えたり、保護者の心配事を聞いたり、一緒に考えたりして、24時間、常にこどもにとって安全基地があるようにしましょう。２つ目は「愛情」の観点です。人の気持ちの理解に役立つプルチックの「感情の輪」なども参考にして、「喜び」「信頼」を活かして、愛情の提供に注力することを意識してみるとよいでしょう。

人の気持ちの「感情ピザ」

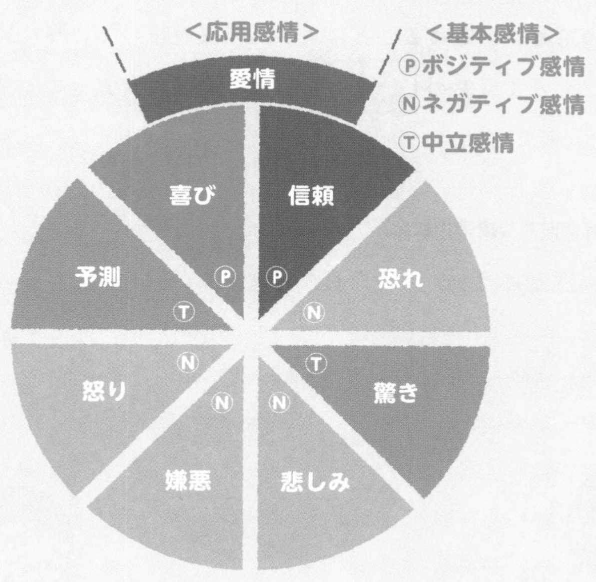

こどもには、愛される権利だけではなく、愛する権利もあります。①喜ぶ気持ちと、②信じて頼る気持ちがあると、愛情表現が豊かになります。８つの基本感情のうち、ポジティブ感情はこの２つです。その子の育ちを信頼し、その子の育ちの喜びをシェアし、保護者とも愛情を育みましょう。

第2章 こどもの権利に関する法律などを知ろう

前頁の答え（順に）▶愛、保護者

児童虐待防止法のポイントをおさえよう

「児童虐待の防止等に関する法律」（児童虐待防止法）は、何人（なんぴと）もこどもを絶対に虐げてはいけないことを定めた法律です。家庭や保護者はもちろん、保育施設や保育者もです。□□にそれぞれの言葉を書き込み、語り合ってみましょう。

■児童虐待の防止等に関する法律

第１条（目的）

この法律は、児童虐待が児童の□□を著しく侵害し、その心身の成長及び人格の形成に重大な影響を与えるとともに、我が国における将来の世代の育成にも懸念を及ぼすことにかんがみ、児童に対する虐待の禁止、児童虐待の予防及び早期発見その他の児童虐待の防止に関する国及び地方公共団体の責務、児童虐待を受けた児童の保護及び自立の支援のための措置等を定めることにより、児童虐待の防止等に関する施策を促進し、もって児童の□□利益の擁護に資することを目的とする。

第３条（児童に対する虐待の禁止）

何人も、児童に対し、虐待をしてはならない。

児童虐待防止法はどんな法律？

児童虐待防止法は、児童福祉法から一歩踏み込んだ内容として2000（平成12）年に制定されました。しかし、現在まで児童虐待は増え続け、児童相談所（全国230か所:2023（令和５）年２月１日現在）で対応した件数は2020（令和２）年度以降、１年間で20万件を超えています。児童虐待による死亡（死亡のおそれ含む）は年間100件に迫る勢いです。さらには、教育虐待や保育虐待といった児童虐待も社会問題化しています。児童虐待は、こどもの保護者がする行為という認識も強く、保育所から児童相談所への通告は１％未満という現状もあります。

教育虐待は「親や先生の思いどおりの結果が出ないと人権を無視して厳しく当たること」であれば、保育虐待は「保育者などの思いどおりのプロセスにならないと人権を無視して不適切に扱うこと」となるでしょう。保育施設内での虐待は、本来あるはずのないことであり、それが放置されているとなると、世代間を問わず連鎖する可能性が高まります。保育施設は家庭や地域の「児童虐待の芽」に気づいて一次予防をする専門機関であり、保育者はこどもを養護、教育する専門職です。こどもの人権を尊重し、こどもの権利を保障して、児童虐待を防止しましょう。

虐待の連鎖

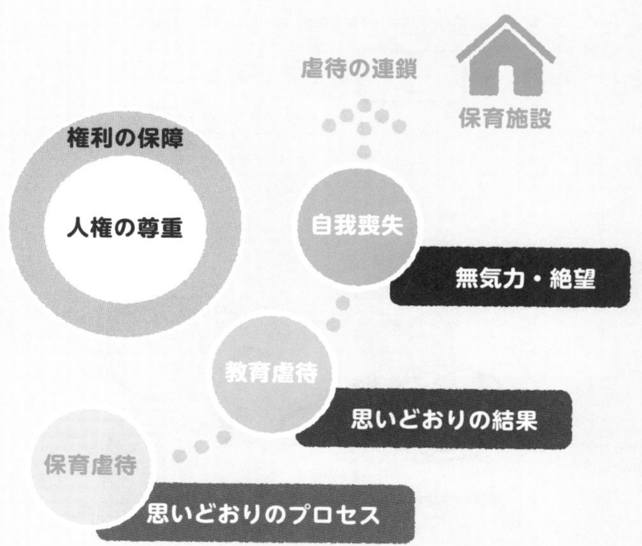

こどもは、保育者などが期待する思いどおりのプロセスで育つわけではありません。親や先生が期待する思いどおりの結果が出るわけでもありません。虐待が連鎖することでその子本来の意欲（人権、権利）による試行錯誤を妨げ、存在意義を見失い、連鎖反応も生じ得ます。

保育所保育指針のポイントをおさえよう

「保育所保育指針」（保育指針）は、保育所保育の基本となる考え方や保育のねらいおよび内容など保育の実施にかかわる事項と、これに関連する運営に関する事項について定めたもので、保育の拠り所となるものです。□□にそれぞれの言葉を書き込み、語り合ってみましょう。

■保育所保育指針

第１章　総則　　１　保育所保育に関する基本原則

⑵　保育の目標―ア―㋒

人との関わりの中で、人に対する愛情と信頼感、そして人権を大切にする□を育てるとともに、自主、自立及び協調の態度を養い、道徳性の芽生えを培うこと。

⑶　保育の方法―ア

一人一人の子どもの状況や家庭及び地域社会での生活の実態を把握するとともに、子どもが安心感と信頼感をもって活動できるよう、子どもの主体としての思いや□□を受け止めること。

保育所保育指針はどんな告示？

保育指針は、こどもたちにとって保育の質を保障する基準です。「保育所保育に関する基本原則」の「保育所の社会的責任」では、こどもの人権に配慮し、こども一人一人の人格を尊重することを義務づけています。「保育所職員に求められる専門性」では、「人権に配慮した保育」を行うため、人間性や倫理観など「職員一人一人の基盤」に触れています。それでは、保育士はどう基盤を強化し、人間性や倫理観を磨いたらよいのでしょうか。

まずは「保育の目標」を振り返りましょう。「こどもが現在を最もよく生きる」ことで、「望ましい未来をつくり出す力の基礎」を培います。こどもが今を思い切り喜んだり楽しんだりする体験や経験から、結果として「幼児期の終わりまでに育ってほしい姿」（10の姿）は育っていきます。また、５つの「保育の方法」を振り返りましょう。「思いや願いを受け止める」「環境を整える」「発達過程に応じる」「子ども相互の関係づくり」「乳幼児期にふさわしい体験を得る」ことのなかで得られた喜びや楽しさを、積極的にシェアしていきましょう。「育ちビジョン」にあるように、乳幼児期の５つの欲求である、①安心したい、②満たされたい、③かかわってみたい、④遊びたい、⑤認められたい、というこどもの気持ちを満たそうとすることが大切です。

５つの欲求と５つの方法

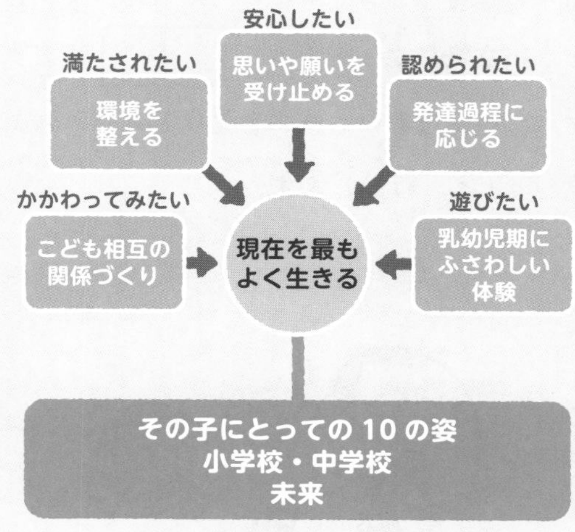

その子が現在を最もよい状態で生きるために、５つの方法で５つの欲求を満たすように、ホッと安心したり、ワクワクと挑戦する源となる心の栄養素を届けます。それにより、その子の10の姿や未来につながる基盤が強化されていきます。その過程において、保育者の人間性や倫理観も磨かれていきます。

全国保育士会倫理綱領のポイントをおさえよう

「全国保育士会倫理綱領」には、保育者としての職業倫理が定められています。社会的な役割や責任を全うするための行動規範を示しています。□□にそれぞれの言葉を書き込み、保育士は何をすることで、こどもの育ちを支え、保護者の育ちを支え、こどもをまんなかにしたやさしい社会をつくるのか、語り合ってみましょう。

■全国保育士会倫理綱領

2　子どもの発達保障

私たちは、養護と教育が一体となった保育を通して、一人ひとりの子どもが心身ともに健康、安全で情緒の安定した生活ができる□□を用意し、生きる喜びと力を育むことを基本として、その健やかな育ちを支えます。

6　利用者の代弁

私たちは、日々の保育や子育て支援の活動を通して子どものニーズを受けとめ、子どもの立場に立ってそれを□□します。また、子育てをしているすべての保護者のニーズを受けとめ、それを代弁していくことも重要な役割と考え、行動します。

全国保育士会倫理綱領はどんな職業倫理？

全国保育士会倫理綱領は、保育士の「プレゼンス」（存在）と８つの「ポイント」（焦点）を示した「クレド」（誓った約束事）となるものです。具体的には、「子どもの最善の利益の尊重」「子どもの発達保障」「保護者との協力」「プライバシーの保護」「チームワークと自己評価」「利用者の代弁」「地域の子育て支援」「専門職としての責務」の８つがあります。保育士としての存在を発揮するために、特に何を中心に大切にすればいいのかの約束事がわかります。

保育士は皆、法人の一職員である前に一保育士です。こどもにとっての最善の利益について仮説を立てて始まり、検証してまた始まります。法人の理念や方針が曖昧だったり、暗黙のルールや多様なモラルに直面し、迷いそうになったときなどには、倫理綱領を共通の拠り所にします。いつでも保育士としてクレドに立ち返り、そこから適切なやり方を導き出しましょう。「私たちは何のためにいて、何を一緒にしようとしているのか」を問いかけ、チーム保育をするプロフェッショナル集団へと成長を続けましょう。

私たちの日々の道のり

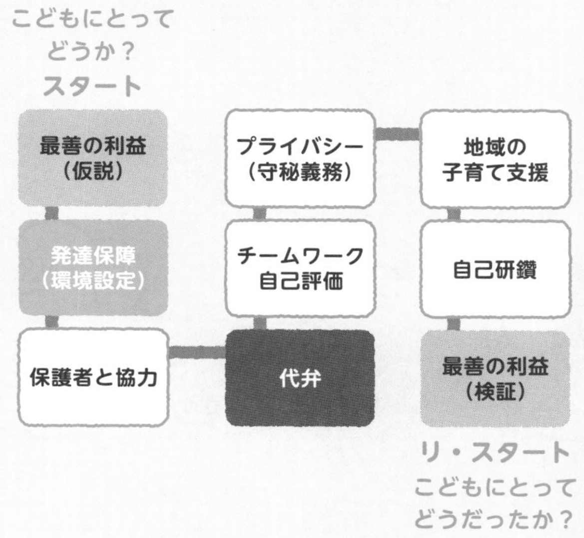

「こどもにとってどうか」を考えることから保育が始まり、「こどもにとってどうだったか」を振り返ることでまた保育が始まります。私たちの終わりのない保育の道のりは、一足飛びにはいかず、１歩ずつ丁寧に「こどもにとって」「こどもから見たら」などと試行錯誤を重ねます。

前頁の答え（順に）▶環境、代弁

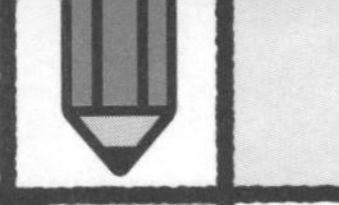

個人情報保護法のポイントをおさえよう

「個人情報の保護に関する法律」（個人情報保護法）は、その名のとおり、個人情報を保護するための法律です。「個人」には、大人だけでなくこどもも含まれます。□□にそれぞれの言葉を書き込み、こどもになったつもりで語り合ってみましょう。

■個人情報の保護に関する法律　第1条（目的）

この法律は、デジタル社会の進展に伴い個人情報の利用が著しく拡大していることに鑑み、（中略）豊かな国民生活の実現に資するものであることその他の個人情報の有用性に配慮しつつ、個人の□□利益を保護することを目的とする。

■（参考）児童福祉法　第18条の22（守秘義務）

保育士は、正当な理由がなく、その□□に関して知り得た人の秘密を漏らしてはならない。保育士でなくなつた後においても、同様とする。

個人情報保護法はどんな法律？

「個人情報保護法」は、個人情報の有用性に配慮しながら、個人の権利や利益を守ることを目的とした法律です。保育士は、公私の場やどんな場面でも適切に取り扱う必要があり、①「守秘義務違反」では、最も重い１年以下の懲役または50万円以下の罰金、②「信用失墜行為」では、保育士を名乗れなくなります。

しかし、こどもの食物アレルギーや病歴、家族構成など、保育の業務上、個人情報は活用すべきものです。「個人情報」は、こどもの「持ちもの」と考えて、適切に取り扱うことが大切です。似た言葉に「プライバシー」がありますが、プライバシーは、こどもの「気持ち」と考えて、適切に配慮することが必要です。たとえば、SNSでこどもの顔写真を載せることは、こどもの「持ちもの」と考えると、保護者にも同意を得るなど適切に取り扱う必要があります。また、「○○ちゃんのお母さんはいつもスーパーで半額のお惣菜を買っている」という話は、こどもの「プライバシー」に配慮すれば、必要のない話だとわかるでしょう。

なお、「こどもの権利条約」第16条では、「プライバシー・名誉が保護される権利」があります。あわせて覚えておくとよいでしょう。

こどもの「持ちもの」と「気持ち」の保護

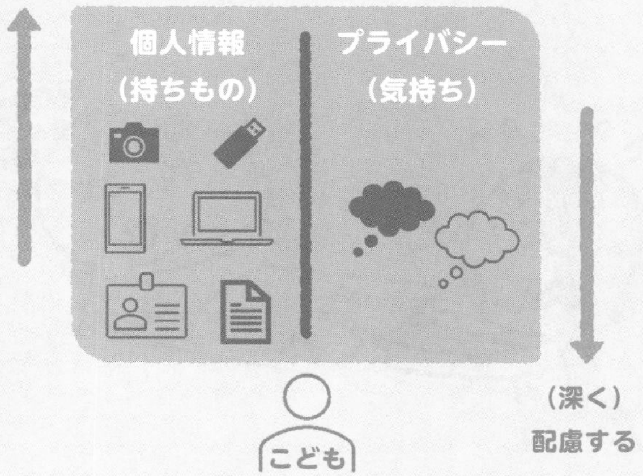

その子のことが記録できたり記録されている個人情報（書類や写真など）は、その子の持ちものです。業務上の都合から園でお借りしお預かりしているので丁寧に取り扱います。その子のプライバシーに関する話は、その子の気持ちにかかわることなので深く配慮します。

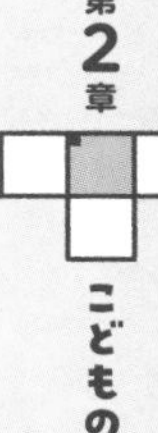

公益通報者保護法のポイントをおさえよう

「公益通報者保護法」は、内部通報を行った労働者を保護する法律です。保育をしていて、「変だ」「おかしい」と声を上げても、立場等を危うくされることなく守られます。□□に言葉を書き込み、こどもにとってどんな権利があるか、語り合ってみましょう。

■公益通報者保護法　第１条（目的）

この法律は、公益通報をしたことを理由とする公益通報者の解雇の無効及び不利益な取扱いの禁止等並びに公益通報に関し事業者及び行政機関がとるべき措置等を定めることにより、公益通報者の保護を図るとともに、□□の生命、身体、財産その他の利益の保護に関わる法令の規定の遵守を図り、もって国民生活の安定及び社会経済の健全な発展に資することを目的とする。

公益通報者保護法はどんな法律？

保育をしていると、「その対応でよいのかな？」と疑問に感じる場面があると思います。たとえば、こども自身は「不適切な保育を受けて困っている」とは表現できませんから、保育者のされるがままともいえます。最も不利益を受けるのはこどもです。そのため、「通報してもらう権利」があります。保育者には通報する義務があります。そして、通報者への不利益な取扱いがされることがないように公益通報者保護法が施行され、通報しても守られる権利があるのです。

「通報」とは、「ホウレンソウ」（報告・連絡・相談）をしてくださいということです。できれば当事者も含めた同僚同士、あるいは、法人の苦情解決相談窓口、難しければ行政の保育課などに、こどもに代わって通報します。

ふだんから不適切な保育について考えて理解を深め、安心・安全にお互いに言い合える関係（心理的安全性）を大切にするとよいでしょう。言うほうも言われるほうも、素直に受け止めやすく、早期に気づいて見直すことができます。言われたほうもその場では困惑しても、「教えてくれてありがとう」などと、感謝しやすくなります。

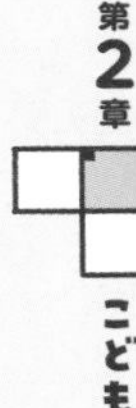

通報してもらう権利と通報しても守られる権利

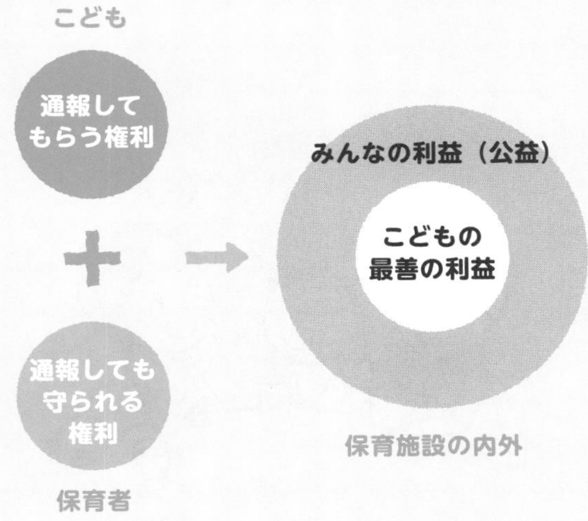

こどもが通報してもらう権利と保育者が通報しても守られる権利はセットです。こどもの最善の利益を傷つけないようにすることは、結果として、保育施設の内外にいる、みんなの利益（公益）につながります。不適切な保育などの被害が大きくならないように、保育施設の内外にすみやかに通報するなど、初動が大切です。

次世代育成支援対策推進法のポイントをおさえよう

「次世代育成支援対策推進法」（次世代法）は、次世代の社会を担うこどもが健やかに生まれ、育成される社会になるように、具体的な行動計画を立てて、みんなで支援や対策を推し進めるための法律です。□□に言葉を書き込み、保育者は子育てに対してどんな気持ちを実感できるように支援や応援をするのか、語り合ってみましょう。

■次世代育成支援対策推進法　第３条（基本理念）

次世代育成支援対策は、父母その他の保護者が子育てについての第一義的責任を有するという基本的認識の下に、家庭その他の場において、子育ての意義についての理解が深められ、かつ、子育てに伴う□□が実感されるように配慮して行われなければならない。

次世代育成支援対策推進法はどんな法律？

諸外国のなかで、日本の合計特殊出生率は212か国中194位、出生数は80万人を割り込みました。年齢別人口のうち０歳～14歳の人口の割合も、世界が約４分の１に対して日本は約10分の１と、諸外国のなかでも断トツに低い水準です。

次世代法では、「こどもが社会や会社のなかで疎ましく扱われていないか」「子育てが不安で負担ではないか」といった疑問が出る社会にならないように、子育ての喜びを実感できる社会を目指しています。たとえば、法人であれば、職員全員が子育ての意義を理解したり、喜びを実感できるよう「一般事業主行動計画」の策定と届出が義務や努力義務となっています。

たとえば、人間がもつ感情をポジティブな波動の高い順に並べた「エイブラハムの感情の22段階」をみてみましょう。この感情のスケールを活用して、自分が今どんな感情なのかを測り、“どうなると本当はよいか？”を問いかけて、感情の階段を登り、望ましい保育を創造するエネルギーを作ります。特に保育施設では、ポジティブ感情とネガティブ感情の比率である「ポジティビティ比率」を、意識して「３：１」以上にして喜びを実感しやすい状態にしましょう。

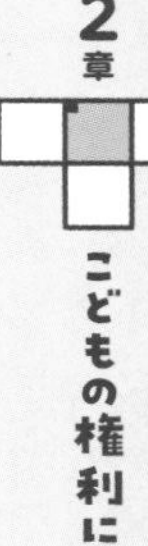

感情の階段

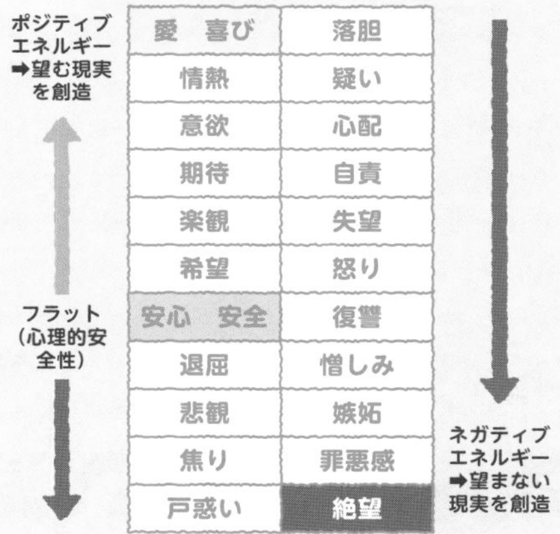

人の感情には波（波動）があります。望む現実を創造するポジティブなエネルギーとなる１（愛、喜び）～６番目（希望）の感情ステージへは、お互いにリラックスしようとして海に漂うコルクのように力を抜き、階段を１段ずつ登り、まずは、７番目のフラットな安心、安全のステージ（心理的安全性）に立ちます。

SDGsのポイントをおさえよう

「SDGs」（Sustainable Development Goals）は、国連総会において全会一致で採択された人類共通の政策です。17の目標（ゴール）があり、ゴール１は「あらゆる場所のあらゆる形態の貧困を終わらせる」です。貧困は日本にも現実の問題としてあります。□□にそれぞれの言葉を書き込み、こどもたちにとって身近な貧困について語り合ってみましょう。

■SDGs

ゴール１「あらゆる場所のあらゆる形態の貧困を終わらせる」

1.2　2030年までに、それぞれの国の基準でいろいろな面で「貧しい」とされる男性、女性、□□□の割合を少なくとも□□減らす。

1.3　それぞれの国で、人びとの生活を守るためのきちんとした仕組みづくりや対策をおこない、2030年までに、貧しい人や特に□□立場にいる人たちが十分に守られるようにする。

SDGs（ゴール1）はどんな政策？

「貧困」というと、経済的な貧しさのイメージが強いと思いますが、現実にあります。心の貧しさという観点で考えると、日本のこどもは自己肯定感が低い傾向です。ユニセフの調査結果（2020年）では、日本のこどもの幸福度は、先進国38か国のうち20位でした。この調査は「精神的幸福度」「身体的健康」「スキル」の総合順位ですが、「身体的健康」は1位、「スキル」は27位（学力のスキルは5位、人とつながる社会的スキルは37位）、「精神的幸福度」は37位でした。

心が貧しくなることを「ストローク・ハングリー」（心の飢餓）といいます。たとえば、ある保育施設ではお迎えを待つ時間に、動画ばかり見せていて監査で指摘を受けました。なぜ、動画はダメなのでしょうか？　動画を長時間見せると、人とつながる社会的スキルが育ちにくく、精神的幸福度も感じにくくなるといわれているからです。家庭との両輪となる保育施設という「安全基地」では、保育者はこどもの「心の風船」がリッチに膨らむように、ほめたり、助けたり、許したりする目標・方針を立てて重点的に支援しましょう。ゴール16で「あらゆる虐待や暴力をなくす」ことや、ゴール8で「働きがいも成長もある」ことも考えてみましょう。「誰一人取り残さない（leave no one behind）」ことです。

心体技の幸福度

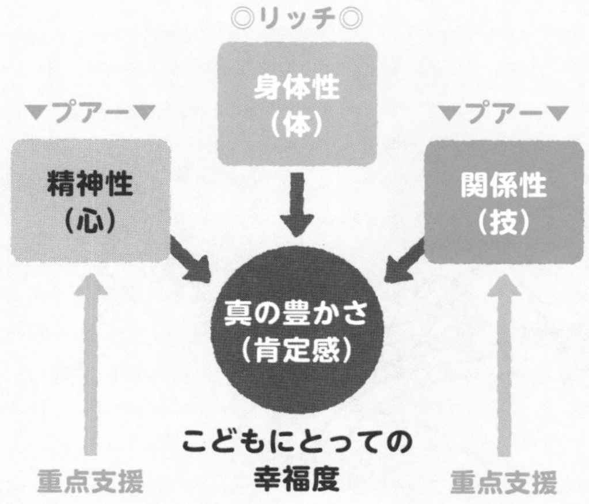

真の豊かさを示すこどもの幸福度は、精神性（心）・身体性（体）・関係性（技）の3面から豊かに膨らませましょう。意見が尊重されず、よりよい参画ができないと、精神的幸福度（心）と、人とつながる社会的スキル（技）が特に乏しくなるため、重点支援が必要です。

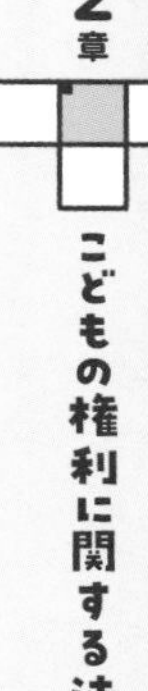

前頁の答え（順に）▶こども、半分、弱い

日本国憲法のポイントをおさえよう

「日本国憲法」は、わが国における最高法規です。基本的人権や尊厳を保障し、日本が締結した国際法規を守ることも定めています。第３章には「国民の権利及び義務」があります。□□にそれぞれの言葉を書き込み、こどもに関する内容にはどんなことがあるのか、語り合ってみましょう。

■日本国憲法

第11条（基本的人権）

国民は、すべての基本的人権の享有を妨げられない。この憲法が国民に保障する基本的□□は、侵すことのできない永久の権利として、現在及び将来の国民に与へられる。

第13条（個人の尊重と公共の福祉）

すべて国民は、個人として尊重される。生命、自由及び□□追求に対する国民の権利については、公共の福祉に反しない限り、立法その他の国政の上で、最大の尊重を必要とする。

日本国憲法はどんな法律？

日本国憲法はわが国の最高法規であり、「主権が国民に存すること」を宣言しています（国民主権）。日本国憲法の前文には、「そもそも国政は、国民の厳粛な信託によるものであつて、その権威は国民に由来し、その権力は国民の代表者がこれを行使し、その福利は国民がこれを享受する」と前置きがあります。同じように保育施設における「こども主権」を考えてみましょう。「そもそも保育施設の運営は、社会や家庭の信頼のもと、大切なこどもの命を育てるものであって、こどもが生まれながらにもつ権利はこどもにあり、保育者が代表して大切にすることでこどもが行使し、その最善の利益はこどもが得る」といった前提に立ちましょう。

こどもの人権は、大人の人権と同じく「永久の権利」です（第97条）。こどもは養護や教育を受ける「客体」として扱われやすいです。「もっと遊びたい」「一緒にいたい」などと幸福を追求しても、ないがしろにされやすく、たとえば、こどものプライバシーの権利や知る権利、自己決定権は、大人の理解と協力が必要です。そのため憲法では、みんなが幸福を追求してこどもが最善の利益を得られるように、対象となる大人に対して、教育・勤労・納税の３つの義務があります。

こども主権の幸福追求権

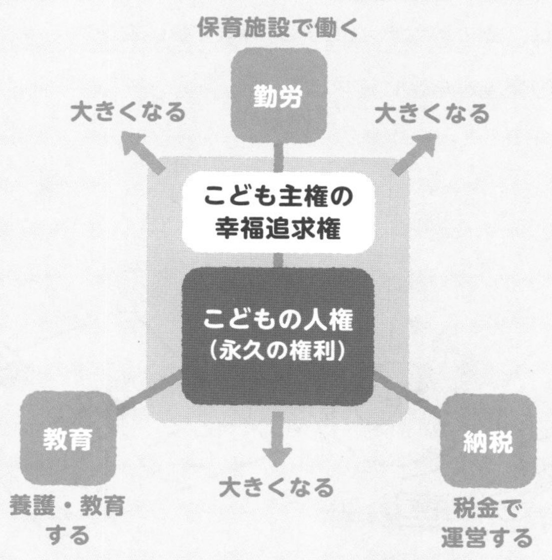

こどもの人権（永久の権利）を保障し、みんなの幸福追求権を大きくするために、３つの義務があります。そうしてたとえば、国民から納税された税金で保育施設が運営され、その保育施設で保育者が勤労し、保育指針等に基づく養護・教育を提供します。

第2章 こどもの権利に関する法律などを知ろう

世界人権宣言・国際人権規約のポイントをおさえよう

「世界人権宣言」は、世界各国の憲法や法律に取り入れられ、国際会議の決議にも用いられます。特別に守る必要があるものとして、「児童権利宣言」も生まれています。「国際人権規約」は、世界人権宣言をもとに条約化したものです。□□にそれぞれの言葉を書き込み、語り合ってみましょう。

■世界人権宣言　第１条

すべての人間は、生れながらにして自由であり、かつ、尊厳と権利とについて□□である。人間は、理性と良心とを授けられており、互いに同胞の精神をもって行動しなければならない。

■国際人権規約　第１条１

すべての人民は、□□の権利を有する。この権利に基づき、すべての人民は、その政治的地位を自由に決定し並びにその経済的、社会的及び文化的発展を自由に追求する。

世界人権宣言・国際人権規約は
どんな基準と条約？

世界人権宣言は、初めて人権保障の目標や基準を国際的に謳った画期的なものです。1948年12月10日の国連総会で決まり、毎年12月10日は「人権デー」として、世界中で記念行事が行われています。保育施設では園だよりで紹介したり、園内研修をしたりしています。国際人権規約はそれを世界基準の法律にしたものであり、第1条では、すべての人間に「自決の権利」があるとしています。

ここでいう自決は、自分のことを自分で決められることです。安全・安心がベースの保育施設では、こどもにとっての苦痛や脅威は、極力、取り除く必要があります。そうでないと、こどもは当然のことのように認識する心理的状態となり、物事への意欲を失っていきます。ですから保育者は、ジレンマを抱えてもトラウマとならないように、「どうしたの？」「どっちがいいかな？」など、こども自身の小さな意思表示をキャッチし、意思決定ができるということがわかるように一方的とならない支援をしましょう。「こども大綱」にあるように、こどもが自分に直接関係することに関して、安心して意見を表し、保育者やみんなと一緒に考えて参画し、自決できる機会をたくさん用意していくことが大切です。

原体験の境界線

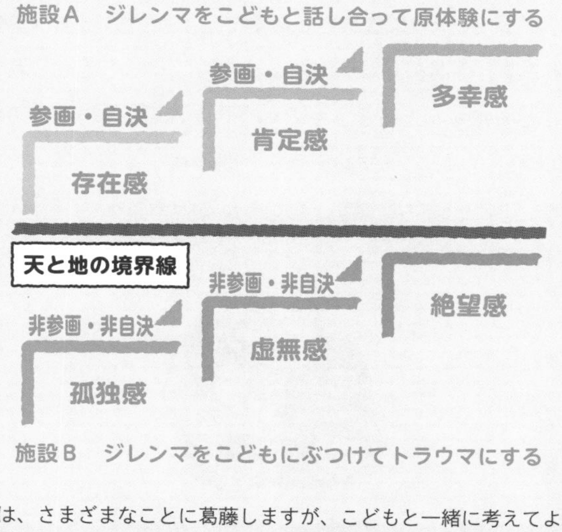

施設A　ジレンマをこどもと話し合って原体験にする

参画・自決
多幸感
参画・自決
肯定感
参画・自決
存在感

天と地の境界線

非参画・非自決
絶望感
非参画・非自決
虚無感
非参画・非自決
孤独感

施設B　ジレンマをこどもにぶつけてトラウマにする

保育現場では、さまざまなことに葛藤しますが、こどもと一緒に考えてよりよい保育に参画する機会とし、その子なりの小さな自決を尊重します。願いどおりにならなくとも、意見が尊重されたことが実感できることで影響力を体感でき、こどもの存在感は増し、原体験となります。反対に意見が尊重されないで、参加も参画もできないでいると、絶望感が募ってトラウマとなりかねません。

前頁の答え（順に）▶平等、自決

こどもとけんりのおはなし❷

コルチャックせんせい

コルチャック先生は、ナチス占領下のポーランドでユダヤ人孤児たちと運命をともにした実在した医師です。孤児の悲しみや苦しみに触れて孤児院を立ち上げ、こどもたちの先生になりました。最後は200人のこどもたちと強制収容所に行きました。戦後の「こどもの権利条約」に大きな影響を与えた「こどもの権利の人」です。時を超えた今も、保育者にとってお手本となってくれています。

たとえば､「こども委員会」です。先生の決めたルールで生活を縛らず、こども同士が居心地よくなるように思いを表明し合います。先生は真剣に耳を傾けます。また「こども裁判所」は、弱いこどもを強いこどもから守るためにこども同士で運営します。先生は裁くことはしないで裏方仕事をします。こどもの力を純粋に信じたから、できたのではないでしょうか。たとえば、こどもの「だんまり戦術」は、こどもは口に出さなくても態度で答えているとして、だんまりは正直さの最高表現だと言っています。こどもの「深いため息」は集中した後や面白い話が終わったときなどに見られるので、気づいてほしいと言っています。

「世界をよくするには、教育をよくすること」は、保育者が日々実践していることであり、共感できることもあるでしょう。「こどもは感性で思考する」と考える機会はあまりないでしょうから、ハッとさせられるかもしれません。「こどもたちをどう扱うかということほど、その社会の魂を鋭く暴くものはない」（ネルソン・マンデラ）と問われると胸が痛いです。先人たちから勇気と知恵を受け取って、こどもたちの素敵な「○○先生」となりましょう。

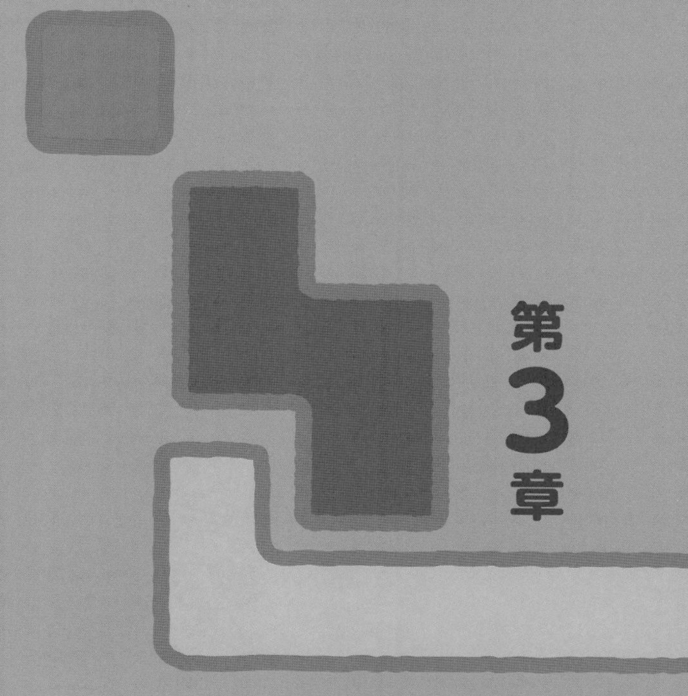

第3章

こどもの権利から不適切な保育を考えてみよう

こどもの権利を、どこでどのように大切にするのか、事例をもとに場面ごとに考えていきます。点や線でなく、面でとらえることで、不適切な保育の予防や対策もしやすくなります。場面ごとのチェックリストは、「うちの園だったら」と言語面・非言語面の両面から利活用し、アップデートしましょう。

食事区分

給食の場面を考えてみよう

事例 食育が自慢の○○園。４歳児の今日の主菜はルウから手作りしているキーマカレー、副菜はビーフンを用いた中華風サラダ、汁物はかつおぶしからとっただし汁で作るみそ汁です。「おいしかった！　ごちそうさま！」「もう食べたの？　すごいね！」などとやりとりをしながら、多くの子がもりもり食べ、食べ終わります。

一方で、食事に時間がかかるＡさん、ぐずって泣いているＢくん、苦手な給食を減らしてほしいと言い忘れたＣさんがいました。担任のＸ先生は、ヘルプのＹ先生、Ｚ先生と一緒に食べさせます。Ａさんには「無言でフォークを口に運ぶ」、Ｂくんには「口に入れようとしないと顎（あご）をつかんで、自分のほうへ顔を向かせる」、Ｃさんには「ビーフンもう１本、ニンジンもう１本、みそ汁もうひと口」と、少し食べてもまだ続けます。結局１時間ほどかけて３人に食べさせ終わりましたが、Ｃさんは嘔吐してしまいました。

「給食の場面」では、どんな権利を大切にするの？

いかなる理由があっても、こどもに無理やり食べさせることはやってはならず、それは保育ではありません。精神的、身体的な苦痛が長時間にわたる暴力です。保育者が完食させること、時間内に食べきることに価値を置いてしまうと、こどもの健康状態や心持ちの変化への配慮がなくなります。「こども基本法」や「こどもの権利条約」では、こどもの「言語表現や非言語表現で意見を表す権利」を大切にしています。保育者にはこどもが食べる意欲を「尊重する義務」があるのです。「食育指針」を確認し、楽しくおいしく食べましょう。

本来、食事は温かい雰囲気のなか、保育者や友だちと楽しく一緒に食べることで、自ら進んで食べるようになっていきます。たとえば、給食を減らしてほしいと言えなかったことを察知したのであれば、「もう、おしまいにしようか？」など、こどもの気持ちに寄り添った応答が望ましく、保育者の感情や都合を押し付けてはいけません。「食育指針」の５つの目標となる「お腹がすくリズムをもてる」「食べたいもの、好きなものが増える」「一緒に食べたい人がいる」「食事づくり、準備にかかわる」「食べものを話題にする」を心得ておきましょう。

☑ 給食の場面の「こどもの権利」自己評価チェックリスト10

言語面5

- □ 保育者が「今日の給食は何かな」などと、食べる意欲を率先して表現している
- □ 保育者が「おいしいね」など肯定的な言葉で、こどもの「食べたい」「おいしい」など肯定的な気持ちを促している
- □ 保育者が月齢にとらわれずに、「もぐもぐ」「パクパク」「ごっくん」などこどものリズムやペースに合わせて楽しく応援している
- □ 保育者が「おいしかったね」などと、量や時間にとらわれずに、こどもと満足感を共有している
- □ こどもが食べられないでいるときは、「一緒にごちそうさまする？」などと、共感的に応答し、食後の気持ちの切り替えを助けている

非言語面5

- □ いいにおい、おいしそうな見た目、触ったことのある食材など、こどもが五感で献立に興味関心がもてるような指導案作成や給食室との連携をしている
- □ こどもが、自らの意思で食べ物に目を向けてスプーンやフォークを口に運ぼうとするための、助けや支えになっている
- □ こどもと一緒に、保育者自身が食事を味わおうと、おいしそうに食べている
- □ こどもが食べなくても、残念そうにせず、肯定的な表情を絶やしていない
- □ こどもが食べた「アクション」に対して、「リアクション」をとり、みんなと食べる楽しさや、食への喜びや意欲、ポジティブなイメージを強化している

食事区分

おやつ・水分補給の場面を考えてみよう

事例 1歳6か月のAさんは、自分で食べることができるようになり、動きも活発です。ほかの子はおやつを食べ終えていて、担任のX先生はAさんに「おやつの時間だよ」と声をかけて起こしました。おやつは、ラムネとカステラとりんごジュースでした。最初にラムネを手に取り、次にカステラを食べていました。ジュースは後から出しました。

カステラを食べているところで、X先生はほかの子のおやつの片づけを始めました。Aさんの「おえ」と言う声が聞こえたので、「そんなにお口に入れて！」「ゆっくり食べてね！」と注意しました。Aさんはいすに腰かけたまま「きょとん」とした表情になり、「ふぇーん」と声を上げて泣き出しました。口の中の食べ物がのどに詰まるといけないので、「お口の中の食べ物を出さないと危ないよ！」と注意しました。Aさんがそれでも泣き止まないので、抱っこをすると、抱っこをされたAさんはいやがって泣きながらもがいています。

「おやつ・水分補給の場面」では、どんな権利を大切にするの？

何よりもまず「生きる権利・育つ権利」（こどもの権利条約第６条）を守りましょう。命そのものを擁護する面からも大切です。１歳６か月のこどもならば、直径５ミリの大きさがあれば、気管支を塞(ふさ)いで窒息してしまいます。誤飲、誤嚥などの事故は、「痛い」などと声を上げにくく、外見上わかりづらいことも盲点です。特に３歳未満児は、毎日のおやつの時間だからこそ、慣れや油断がないようにしましょう。“食べている最中は席を立ったりしないから安心”という誤った思い込みも危険です。保育者が急(せ)かさないのはもちろんですが、一人で食べていたり、ほかの子が先に食べ終わったり、好きなおやつだったり、こども自ら気が急いていることもあります。特に離乳食の完了期では、「水分補給」と「ごっくん」を確認することが基本です。午睡後は身体の水分が失われていることが多いので、まずは水分補給です。水分補給は食べる間隔やリズムをとる支援となり、事故防止の観点からも大切です。食べ物は、その子の発達に合った「大きさ、固さ、量、性質」で考えて、食事環境を整えましょう。

✔ おやつ・水分補給の場面の「こどもの権利」自己評価チェックリスト10

言語面5

- □ コップで飲むときは「上手」などと声をかけて、目や手を添えて見守っている
- □ 「かみかみ」「ごっくん」など声をかけ、咀嚼できるように見守っている
- □ 午睡の後や、パサパサ・ネバネバするおやつの前や食べている途中には、「お茶を飲もうね」などと声をかけて、水分補給をして口の中を潤わせている
- □ 「食べ物を口いっぱいに入れる」ことをとがめたりするより、「お水どうぞ」などと水分補給を促しながら、仕草などでゆったり食べられることを示している
- □ 「ひと口おいしかったね」「ちっちゃくして楽しかったね」などと声をかけて、時間内にすべて食べられなくても、悲しくならないようにしている

非言語面5

- □ 食べ物を次々に食べたい気持ちを、落ち着いた表情で受け止めながら、しっかり飲み込んだことがわかるようにしている
- □ 自分の手に取って食べたり、食べたいものを自分で選んで要求できるよう、正面・前方からこどもと視線を合わせられ、表情がわかる配置についている
- □ おやつやコップなど自分で持って食べるのを手で支えたり、見守っている
- □ 食べ物がのどに詰まって気管を塞いでしまわないように、泣いてしゃくりあげているときや走り回っているときは、食べることを中断している
- □ 次の活動やお迎えに来る保護者の時間よりもこどものペースを優先させて、こどもの安全や安心に合わせる表情や態度をしている

食事区分

除去食・離乳食の場面を考えてみよう

事例　２歳児クラスのＡくんには卵アレルギー、Ｂさんには小麦アレルギーがあります。Ｘ先生は食べられない食品が多いと発育に影響があると思っており、Ｙ先生は食べられるものを食べたいだけでよいと思っています。お互いの意見がぶつかるため、保育室はピリピリしています。Ｘ先生は、卵の入ったプリンを「卵のプリンだ。やった！」とみんなの前で言います。小麦の入ったパスタを“食べられないなんて、かわいそう”という表情で、Ｂさんの顔に近づける仕草をしたりします。驚いたＹ先生が「やめて！」とＸ先生の手をはたくと、Ｂさんの給食に混ざってしまいました。Ｘ先生は、「みんなと違うお皿の子はあっち！」などと、ＡくんとＢさんのテーブルといすを部屋の隅に遠ざけました。

「除去食・離乳食の場面」では、どんな権利を大切にするの？

差別と区別は異なります。「差別の禁止」（こどもの権利条約第２条）は、「区別をしてもらう権利」「差別をされない権利」です。食物アレルギーがあるこどもへの給食では、安全に配慮し、「完全除去」が原則です。献立表が同じでも、「完全除去食」と「除去しない食」に区別します。発達過程において離乳食から幼児食への段階も異なります。誤食事故が起こらないように、トレイや食器の色を変えたり、アレルギーの原因食物を除いたり、座る位置や配膳の順番を変えたりします。このとき、こどもがみんなと一緒に食を楽しみながら、区別をして守ってもらっているのだとわかることが大切です。“私はみんなと違う”と寂しい差別感を味わわせてはいけません。やむなく力で制止してよいのは緊急時のみです。具体的には、①切迫性、②非代替性、③一時性のそろった緊急時だけです。環境設定を考えると同時に、①全部食べるのはよいことだ、②時間内に食べるのはよいことだ、③苦手な食べ物がないのはよいことだ、といった「暗黙のルール」が潜んでいないか、点検してみましょう。

✔ 除去食・離乳食の場面の「こどもの権利」自己評価チェックリスト10

言語面5

- □「あ〜ん」などと食べ物が口の中にないことを確認してから、「どうぞ〜」などとスプーンやフォークを運んでいる
- □「おいしいね」「上手」などと繰り返し言葉かけをしながら、その子の食べる意欲を引き出し、みんなで楽しい食事体験の場としている
- □「全部食べない」「時間内でない」「苦手がある」ときも「いただきます」「ごちそうさま」を気持ちよく言い、食べ物への感謝を伝えている
- □「これくらいにしようか？」などと量を調整したり、「これ食べる？」などと食べ物を選んだり、問いかけながら一緒に判断している
- □丸呑みや詰め込みにならないように、声をかけて咀嚼の見本を見せている

非言語面5

- □苦手なものから食べさせたりせず、こどもの意欲や発達に合わせて進めている
- □体調や気分などにより食べることに興味がなさそうであれば、急がせたりせず、食べられそうなものだけ食べるように支援している
- □手づかみ食べやこぼす体験を重ねて手首や指先の動かし方を覚えられるように、食べる楽しさを味わうことを手伝っている
- □口の中に食べ物が残っていないかをしっかり目視している
- □こどもまかせにせず、食べ物をすりつぶしているかなどを観察し、その子が食べやすい５点（大きさ、形、素材、重さ、色）を確認し、幼児食への移行や献立などを見極めている

午睡の場面を考えてみよう

事例 一念発起して保育士の資格を取得したZ先生は、春からフリー補助で勤務しています。２歳児クラスでは入園して３か月のAさんが、ぐずってなかなか寝つくことができません。困ったX先生は「みんな起きちゃうよ」と嘆いて、ほかの先生に休憩で交代しました。３歳以上児の異年齢クラスでは、25人の子を２人の先生で見ていますが、「寝ない子は誰」「静かにして」「お友だちが起きちゃう」などと叱りつけながら見回っています。そして、「寝ない子やうるさい子は押し入れだよ」「オニが来る」と言って、休憩で交代しました。Z先生は“何だか収容所みたい”と違和感をもちながらも、「保育園とはこういうところ」「一斉保育とはこういうもの」「先生たちも忙しいから仕方ない」と思い直し、素直に従おうと、先輩たちと同じように対応しました。

「午睡の場面」では、どんな権利を大切にするの？

午睡の時間は、保育者自身が睡魔に襲われたり、事務仕事をしたくなる時間といえます。午睡時の事故は少なくなく、意識して行動しないと本当にこどもが命を落としてしまうことがあるため、「調べてもらう権利」（こどもの権利条約第25条）があります。監査で午睡中にこどもたちの健康を調べているか「午睡チェック表」を調べると、「あとづけ」の表とわかることがあります。たとえば、実際にチェックをした時間ではなく、最初から記載された時間であったり、「今日は休みの子」欄が不適切にチェックされていたりと、きちんと健康状態を調べていないことがわかります。「悪いことが起きるはずはない」などという認知バイアスは、経験や立場にかかわらず禁物です。また、大人でも眠れないときや眠れない日があるように、「一斉に起きて一斉に寝なければ成り立たない」という環境設定は、その日の体調やこどもの発達過程を考えれば無理もあり、一人きりの放置も考えものです。午睡チェック表を実態に合わせて簡素化する、眠くない子が過ごせる環境を設定するなど、午睡時に工夫できることを考えてみましょう。

✔ 午睡の場面の「こどもの権利」自己評価チェックリスト10

言語面5

- □ 力加減の強いトントンにならないように、「トントンがいい？」「スリスリにする？」などと、その子の好みなどに合わせて調整している
- □ “泣きやんでほしい”“寝てほしい”という気持ちを抱え込まず、「○○ちゃん、トントンするね」などと声をかけ、お互いのストレスを軽減している
- □ 「うつぶせ寝で寝かしつけてからあおむけに」「この子はうつぶせ寝じゃないと寝ない」などと言わず、そっと声や手をかけ、あおむけ寝を習慣づけている
- □ うつぶせ寝を放置せず、「先生、おそばにいるからね」と言って近くで観察したり、看護師、療育担当者などと寝かせ方を連携している
- □ 「時間内に！」「すぐ済ませて」ではなく、「○○かな」「○○だね」などと声を出し指差し確認をしながら、健康チェック（ブレスチェック）をしている

非言語面5

- □ 預け始めの子など、無理に寝かそうとせず、「泣くのが当然」「寝なくて当たり前」と思って休息ができるようにおおらかに接している
- □ 人間の時間感覚より正確なアラームなども用いて健康状態を調べている
- □ 夜の睡眠のように室内を真っ暗にしたりせず、昼寝として顔と腹と体の様子や変化がわかるようにし、しっかり見ている
- □ １・２歳児だから「自分で上を向く」「自分で寝返りが打てる」と放置せず、ICTなども用いながら、10分ごとに健康状態を確かめている
- □ 「寝て」「寝てて」と威圧せず、特に預け始めなど、みんなと同じに寝て起きなくてもよいなど、その子の発達過程とストレス状況に応じた支援をしている

休息の場面を考えてみよう

事例 ５月の都心は快晴。その日の気温は午前10時で28度。蒸していて風はありません。午後の自由遊びの時間。５歳児のＡくんは桜の木の下で座っています。「ほらそこ、座ってないで一緒に遊ぼう！」「いつも元気じゃん」などと、Ｘ先生は遠くから声を上げて集団遊びへの参加を促しています。近くにいたＹ先生は「こどもは最高気温に５度足して判断する」と研修会での話を思い出しましたが、「たくさん外で遊ばせてほしい」というお母さんの声も思い出しました。小学校でスムーズにいくには「協調性」「社会性」だと、園の理念を園長が熱心に語っていたことも思い出しました。暑いといってもまだ５月、Ａくんはもう５歳です。そこで、「少しだけ一緒に遊ぼうか」と、Ａくんの手を引っ張って立ち上がらせました。Ａくんは「入れて」と言って、集団へ加わっていきました。

「休息の場面」では、どんな権利を大切にするの？

「こどもは遊ぶことが仕事」とよく言われますが、遊ばせすぎはよくない労働です。どんなに楽しく遊んでいても、「楽しそうだったから」だけではプロとして甘いといえます。「遊ぶ」と「遊ばせすぎ」は異なります。間に「休息」が必要です。こどもには「休み、遊ぶ権利」（こどもの権利条約第31条）があります。一方で、「よくない労働から守られる権利」（同第32条）があります。たとえば、猛暑日のオニごっこ。これは遊びではなく過酷すぎる労働です。熱中症で命を落とす危険があるので、外での遊びは中止します。夢中で遊びすぎて倒れる前に、途中で一息つかせます。労働安全衛生法では、部屋の温度は17度以上28度以下、湿度は40%以上70%以下が目安です。クールビズでは、28度が目安です。外気温、立地、建物構造、風通しなどで異なり、冷たい空気は下に、暖かい空気は上に流れます。こどもは大人より背が低く、身体が軽く、体温調節機能は未成熟です。ですから、体感温度はまったく異なります。室内は夏は26～28度・冬は20～23度とするなど、遊びを労働とせず、環境を整えて休ませましょう。

☑ 休息の場面の「こどもの権利」自己評価チェックリスト10

言語面 5

- □「こどもは明るく元気」などと、元気の押し売りをせず、「今日はゴロゴロしようか」などと休息できることを伝えている
- □「こどもは風の子」などと言って外での遊びを強要せず、「みんな休憩しよう」などと室内や休憩に積極的に誘い、こどもが意欲を保って遊んでいる
- □「だらだらしない」「思いっきり遊ばないと眠れないぞ」などと次の活動ありきで進めず、そのときの気象や体調に応じて休息する楽しさを伝えている
- □「このお花きれいだね」「カメさんタイム」などと、動の時間だけでなく静の時間も入れている
- □「汗でベタベタ」などと放置せず、汗を拭きながら体温や表情を観察している

非言語面 5

- □「遊んでいない」ことで不機嫌にならず、「睡眠時間は」「環境設定は」などと、休んでいることの意味を見出そうとしている
- □こどもを厳しく監視しようとせず、温かく見守ることで、ぶらぶら、だらだらと息抜きや気晴らしもできるようにこどもの気が休まる休息の時間としている
- □日案どおりに進めようとせず、表情や動作、体調を読み取って休息をこまめにとり、定期的に床面から50センチの高さで気温を測っている
- □朝の登園時など、いつもと違う様子を感じたら「何か理由があるかもしれない」と仮説を立てて、休息を多めに入れて観察している
- □「過ごしやすい天気だから水分はほどほどでいいだろう」などと勝手に判断せず、休息をして水分を摂ることで、脱水症状を予防している

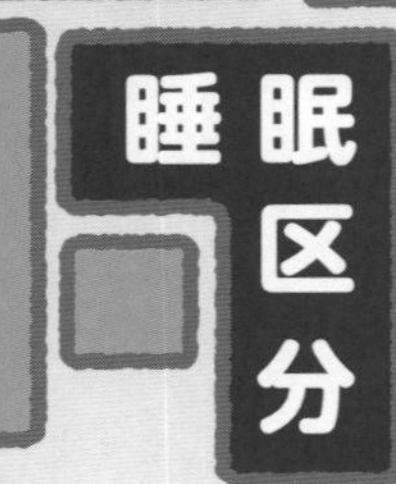

体調変化の場面を考えてみよう

事例 4歳児のAさんは、1歳の頃からたびたび熱性けいれんを起こしていました。家庭からは「2～3分ほどで自然に治まった」と説明がありましたが、2歳で母親と別れ、父親が送り迎えをするようになると、やりとりもほとんどなくなりました。10月初旬、体調を崩して数日休み、Aさんは久しぶりに登園しました。その日の午前中は、疲れた様子もなくブロック遊びをしましたが、午睡中に嘔吐とおねしょをしてしまいました。最初に気づいたX先生は嘔吐物に動揺してしまい、「私には無理」と言い、Y先生に「よろしく」と言って、ほかの子には「こっちには来ないで」と指示しています。Y先生が熱を測ると37.5度でした。「微妙な体温」などとつぶやきながら、寝具などを片づけました。そして遅番のZ先生に「熱がある」と告げました。Z先生は「また？」「お父さん、すぐ来てくれなさそう」と、肩を落としました。Aさんは下を向いたまま、ずっと立っていました。

「体調変化の場面」では、どんな権利を大切にするの？

こどもの健康状態は突然変化します。こどもには「健康でいられる権利」（こどもの権利条約第24条）や「保護者に養育される権利」（同第18条）があります。保育をしている時間と自らは保育をしていない時間の健康状態の把握や、安全・安心な「休養室（医務室）」などの環境設定が必要です。そして職員間や保護者との「ホウレンソウ」（報告・連絡・相談）が大切になります。たとえば、保護者と連携するときに「お迎えにきてください」とリクエスト（要求）する前にすることがあります。①保護者に事実を手短かに報告し、②「いつもと様子が違うと思います」などと役立つと思う情報を連絡して、③「どうなさいますか？」などと保護者自身が判断して行動しやすいようにチョイス（選択）を促して相談することです。そして「１時間後に留守番電話に入れます」などとし、こどもの体調変化を見落とさないように継続的に共有します。

☑ 体調変化の場面の「こどもの権利」自己評価チェックリスト10

言語面5

- □「ほっぺが赤いね」などと自分がどんな状態なのかわかるように伝えて、こどもには「どうかな？」、保護者には「どうなさいますか？」などと聞いている
- □「今行くよ」などと見通しを伝え、「こうやって座っていようか」などと声をかけ、お手本を示している
- □「今〇〇だよ」「〇〇についてどう思う？」などと、同僚や保護者などともホウレンソウを積み重ねて信頼関係を築いている
- □特に安全や健康などに関して、「いつもと違うかも」と感じたことは、「たくさん走ったね」「少しお休みしようか？」などと、「逆ホウレンソウ」をしている
- □「先生にまかせて」などと落ち着いて、不安や悲しい気持ちが安心や温かい気持ちにつながる声かけをしている

非言語面5

- □０歳児、１歳児だけでなくすべてのこどもに対して、就眠中を含めた在園中の異変にいち早く気づけるように、観察をしている
- □「休養室（医務室）」を単なる隔離部屋にせず、横になって休むことがうれしくなるような「保健室」として看護の目が行き届いている
- □平熱・微熱・37.5度・38度など体温だけで測れない「おかしいかも」と感じる温度感を信じて、穏やかに伝え合っている
- □こどもの健康状態を聞き取りやすいように、同僚や保護者とで笑顔で挨拶をしたりアイコンタクトをしている
- □電話連絡や連絡帳などが、結果として「ありがたい連絡」になるように、こどもによかれと思ったことを伝え、一緒に判断できるように寄り添っている

排泄
区分

おむつ交換の場面を考えてみよう

事例 乳児保育のスペシャリストを目指して、育児担当制の保育施設に入職した１年目のＸ先生。食事や排泄など、「担当保育者が一人ひとりの生活や発達に応じて支援する」という園の方針にも共感していました。けれども、実際には「おや？」「あれ？」と感じることがたくさんありました。Ｙ先生は、無言でこどもの身体を持ち上げたり、足をつかんでおむつをはかせていることがあるので、こどもが驚いています。ほかにも、Ａくんがおもちゃで遊びたがっているのに、「はい、おむつ」とおもちゃを取り上げたり、Ｂさんがおむつ替えから逃げようしたときには押さえ付けたりします。こどもがかんしゃくを起こしてしまったときには、まるで能面のような表情をしています。確かに、手際はよいようにも見えるのですが、“これでよいのか”悩んでしまいます。

「おむつ交換の場面」では、どんな権利を大切にするの？

保育では、「受動的権利」（してもらう）と「能動的権利」（しよう）、両方の権利を大切にします。おむつ交換の時間は、肌と肌が触れ合うスキンシップの時間です。また、湿ってかゆかったりする「不快」な状態から、「快」へと気持ちが切り替わる時間でもあります。そのため、絶好のコミュニケーションの機会といえます。一方で、コミュニケーションは慣れてくると、たとえば、日々のなにげない挨拶のように、事務的な流れ作業になりがちです。そして、泣いたから取り替える、排泄をしたから取り替える、と後手後手になりやすくなります。「自分の身体を預ける」ことはそれだけで勇気がいることです。１歳くらいのこどもからしたら、保育者は「キリンさん」くらいの大きさです。押さえ付けるとかえって反発もします。信頼関係を築くことができると、二人三脚で協力しながら、楽に進むようになります。おむつ交換は、「予告」「中間報告」「報告」の３段階を意識しながら、愛されているという実感がわく時間にしましょう。

おむつ交換の場面の「こどもの権利」自己評価チェックリスト10

言語面5

- □「おむつ替えようね」「気持ちよくなろうね」「おしりきれいにしようね」などと声をかけて、事前に「予告」をしてから行っている
- □「じょうず」「ありがとう」などと、膝の裏に手を入れて足を持ち上げるときも「中間報告」をしながら、二人三脚で協力し合ってゆっくり行っている
- □「気持ちよかったね」「すっきりしたね」「おしりきれいになったね」などと声をかけて、必ず事後に「報告」をしておしまいにしている
- □「右足さんから」「左足さんどうぞ」などと、毎回順番を同じにして、こどもが見通しをもちやすくしている
- □「ぴったりかな」「苦しくないかな」などと声をかけながら、寝ている状態と立った状態とでお腹の当たり具合をジャストフィットさせている

非言語面5

- □おむつ替えに協力すると喜んでくれるとこどもがわかるように表現している
- □おむつ交換は楽しいことだとわかるように気持ちの準備をしてから行っている
- □こどもと同じくらいの力を意識して受け止めたり、軽く力を抜きながら制止することで、お互いに力に頼らずに安心して身をまかせやすくしている
- □足を蹴り上げるときは、こどもが満足できるようになめらかに自然に、足を持って動きに付き合っている
- □足を上へ引っ張らずにおしりの下から持ち上げ、前から後ろに向けてやさしく拭き、おしりの内側や脚の付け根などに拭き残しがないか丁寧に目視している

排泄区分

おしっこ・うんち
の場面を考えてみよう

事例　5歳児のはな組（25人）では、「トイレの時間だよ」「行かないと置いてくよ」と、X先生の声が大きくなっています。毎回なので「4段階にしよう」などと、補助のY先生と作戦会議もしています。療育に通うなど発達に課題のある子が何人もいるなか、「トイレは自分で行こうね」と嘆き節で、みんなに伝えています。トイレに行きそびれてうんちをおもらししたAくんに気づいて、「どうして言わなかったの？」と聞くと、「おうちに帰りたい」と叩かれて、泣きながら座り込まれてしまいました。それを見たBさんやCさんが、「おもらしした」「くちゃい」と鼻をつまんで言い、ほかの子も集まってきます。X先生はあわててAくんをトイレに連れて行き、手早く介助すると、「落ち着いたら来てね」と言って、その場を離れました。Aくんはほかのクラスの Z 先生が来るまで、30分ほど一人でトイレでうずくまっていました。

「おしっこ・うんちの場面」では、どんな権利を大切にするの？

トイレは、園での居心地を測るバロメーターになります。こどもには「生活水準を確保する権利」（こどもの権利条約第27条）があります。「一斉にトイレ」は困難です。物理的に全員分のトイレはありませんし、みんなと排泄するのは心理的に慣れないものです。身体的にも発達過程が異なります。特にうんちの場合は、顔を真っ赤にして必死に集中することもあります。出るか出ないかの一大勝負です。トイレが古かったり、ほかの子がいつ隣に入ってくるかわからないなど、家庭のトイレと形状も機能も雰囲気も異なります。一斉に行く機会は保険の一つといえます。ふだんから「トレイに行かせよう」ではなく、「トイレに行こうとこどもの協力を得よう」とすることです。絵本でうんち・おしっこが活躍するお話を読んだり、みんなで使うトイレをみんなで見学するなど、「恥ずかしくない」ようにします。「出る前に知らせる」「出る前に行く」ことがしやすいように、「できたこと探し」をこどもたちに徹底されている園は、「トイレ行ってきた！」「うんち出たよ」とこどもがうれしそうに報告している姿が見られます。

☑ おしっこ・うんちの場面の「こどもの権利」自己評価チェックリスト10

言語面5

- □「一緒に行こうか」「先生もトイレに行きたい」などと、ふだんから一息ついてトイレに行こうとする気持ちをサポートしている
- □おもらししても「気持ち悪かったね」「先生の出番だ」「おしっこ出てよかった」などとやさしく受け止め、「今度は大丈夫」という安心感を維持している
- □「トイレ、ピカピカです」「外で思いきり遊ぶ前に行っておこうか」などと「自分からトイレに行こう」という気持ちを育てている
- □夢中で遊んでいるこどもも「そういえばトイレ」と気づくように、「トイレ、オープンしてまーす」「トイレ、待ってまーす」などとアナウンスしている
- □「うんちさん出てきてくれてありがとう」などと、「うんちはいいものだ」ということを伝えている

非言語面5

- □「うんちのポーズ」「おしっこのポーズ」をさりげないサインで出すなどして、楽しく尿意や便意などを気づかせている
- □「一人でするトイレ」から、「みんなともできるトイレ」になるように、ふだんから一緒に行ったり複数のこどもと行っている
- □「きれい・明るい・気持ちよい」環境で送り出して様子を見守り、こどもが戻ってきたら、「おかえりなさい」と全身で受け止めている
- □「出たー」「お腹すっきり」などと手や全身を使った表現で、こども自身が身体にとって「いいことをした」ことがわかるように伝えている
- □不安そうな子に対しても、「できたこと探し」をして、「いつかきっと出てくる」「次は行こう」などと、あせることないと思わせている

排泄 区分

トイレトレーニング
の場面を考えてみよう

事例 もうすぐ３歳の２歳児クラスでは、「おむつ卒業」「脱おむつ」が暗黙の目標となっています。それというのも、Ａくんのお母さんからは「うちの子はまだですか？」、Ｂさんのお母さんからは「家では失敗ばかりです」と相談が寄せられます。３歳以上児を担当するＷ先生やＸ先生からは「みんなTT（トイレトレーニング）卒業が理想」などと言われますが、おむつの子はたくさんいます。Ｙ先生は排尿間隔が１時間半も空いていないＣくんに、「今日こそ！」と手を取ろうとして、振り払われています。トイレに座ろうとしているＤさんに声をかけると、バランスを崩して大泣きされてしまいました。「おしっこ出る？」と聞いても反応がないＥさんには何度も聞いています。パートの補助で経験豊富なＺ先生は、どこか他人事で製作作業を進めています。

「トイレトレーニングの場面」では、どんな権利を大切にするの？

「児童憲章」は、こどもは「人として尊ばれる」「社会の一員として重んぜられる」「よい環境の中で育てられる」とし、その権利のありようを定めています。大人による強制では、排泄などの自立は期待できません。トイレトレーニングは「ほめる技術」を磨くよい機会です。具体的には、「できなかったこと」から小さな「できたこと探し」をします。たとえば「座ってみたものの出ない」「そもそも気が乗らない」ことはたくさんあります。「座ることができた」「気持ちを表現できた」などとできたことを探して認めます。「ほめる」行為は、「できたこと探し」をして、事実をありのままに繰り返し伝えることです。たとえば、①トイレに行けた、②偶然おしっこが出た、③自分の意志でおしっこが出た、④尿意を伝えた、⑤お尻がふけた、⑥服の上げ下げができた、⑦パンツがはけた、⑧うんちができた、⑨手が洗えた、⑩パンツで眠ることができたなど、たくさんのチャンスがあります。ほかの子や月齢などと比べる必要は一切ありません。比べたいなら、その子の過去（今日もできた）や未来（いつかきっとできる）と比べましょう。そして、保護者とも「できたこと探し」を共有し、一緒に喜びましょう。

✔ トイレトレーニングの場面の「こどもの権利」自己評価チェックリスト10

言語面5

- □「おしっこ、出る？」という投げかけに対するサインを尊重して応答している
- □「行こうとして立った」など、「できたこと探し」をして、大げさでなく自然に、「できたね」などと、ささやかなことをさりげなく喜んでいる
- □トイレ以外でおしっこが出たときも、「出てよかった」などと、承認している
- □「もうちょっと」と励ましたいときは、「先生も一緒にいるよ」などと、「トレーニング」（訓練）より、0歳から始まっている「フロー」（流れ）を考えている
- □「安心してください、はいてます」「大丈夫だあ」「サンキューです」などと、明るい雰囲気で、こどもの気持ちが軽くなるように育ちを応援している

非言語面5

- □おねしょ・おもらしなど、その子のいかなる排尿・排便も穏やかに認めている
- □「成功」「失敗」の判定よりもプロセスに着目し、今の意欲や気持ちに対して、「うんうん」とうなずき、「そうそう」「そうか」などとあいづちをしている
- □異年齢児との交流等でトイレで排泄を完了している姿を一緒に見ながら、自ら自然に「やってみたい！」という気持ちを引き出している
- □おむつにすることを選べる目線に収納かごを配置したり、安心なトイレへの動線、プライバシー、照明、においなどの環境設定を、こどもの目線で見ている
- □おむつ交換の際に濡れていないことが増えてくるなど、「サイン」（兆候）を読み取ったうえで、タイミングをみて「オファー」（お誘い）している

清潔区分

片づけ・身支度
の場面を考えてみよう

事例　異年齢クラスでは自由遊びの真っ最中です。間もなくお迎えの時間なので、X先生は「もうおしまい」「お片づけの時間だよ」などと、たくさん声をかけています。電車で遊び続けようとするAくん、恐竜と恐竜をぶつけ合っているBさんとCくん、片づけようとしてかえって散らかしているDさん、気が散っているEさんなど、思うようにいきません。見かねたY先生が、「10数えるよ！」と言い、「10、9、8」と、手拍子をとって数を数えてもできなかったので、片づけができていないこどもの頭に手をのせて「1、2、3」と数え始めました。Fくんは、帰り支度を手伝うZ先生の手を振り払って机に隠れましたが、両足をつかまれて引きずり出されています。

「片づけ・身支度の場面」では、どんな権利を大切にするの？

「個人の尊重」（日本国憲法第13条）を、集団生活でお互いに尊重し合うには、自尊心が保たれている状態でないと簡単ではありません。感謝、称賛、好意の言葉やはたらきかけにより、自尊心が芽生え、身のまわりを清潔にしようと思えるようになります。きれいであることは当たり前ではありません。こどもは、その子なりに一生懸命に生活していたり夢中で遊んでいたりするので、もう余力が残っていない状態だったりします。必要性も実感として感じにくかったり、気持ちを切り替えるのも難しかったりします。こどもが清潔でいようとすることは、ありがたいことです。「ありがとう」と感謝を伝えるようにしましょう。自らお手伝いしてくれたりほかの子に教えてくれたら、なおさらです。「すごい」「すてき」などと「称賛」を伝えましょう。そして望ましい状態になったら「好意」を伝えましょう。また、「５Ｓ」（整理、整頓、清掃、清潔、しつけ）は、「決められたルールを守り習慣にすること」が最終目標です。整理・整頓・清掃により、環境設定をしながら、清潔な状態を保ちたいと思えるサポートをしましょう。

☑ 片づけ・身支度の場面の「こどもの権利」自己評価チェックリスト10

言語面5

- □「ありがとう」「先生助かりました」などと、繰り返し感謝を伝えている
- □「教えてくれてかっこいい」「やさしいね」などと、こども同士の日常のやりとりをとらえて、繰り返し称賛している
- □こども自身や身のまわりの清潔さが「好き」だと繰り返し好意を伝えている
- □「あった場所に戻そう」「絵のあるところにしまおう」などと、どうするとよくてどこがゴールなのか、イメージが湧くように伝えている
- □「やだよね」「一緒にやる？」「先生うまくできるかな」などと受け止め、甘えたいときは存分に甘えさせている

非言語面5

- □しまう時間や順番、場所など、縛(しば)りをゆるくしながら、だんだんとこどもにとってお手伝いになる口出しをしている
- □こどもなりに片づけている様子などをとりあえずよしとして、「よし、片づけしよ」とひと言言葉を添えてから動き、肩の力をぬいて穏やかに対峙(たいじ)している
- □爪や髪、身体のあざやきずなど、不自然な乱れや汚れ、においがないか確認しながら、自然に身だしなみを確認している
- □「ないないね」「またね」などを手振りや言葉にしながら、ふたを閉めたり布をかけるなど、目でわかるように区切りをつけている
- □気持ちが切り替えやすいように、お片づけの歌を歌ったりして、楽しみながら片づけや身支度に移っている

清潔区分

手洗い・うがい
の場面を考えてみよう

事例 5月にインフルエンザが流行し、7月にはノロウイルスが発生して休園になったため、園長は「衛生管理の徹底」を現場に命じ、手洗い・うがいを丁寧にやると決めて、「手洗い・うがいのご案内」を家庭に配布し、全職員に通知しました。異年齢クラスのX先生は、「手洗いは」「うがいは」と声かけしていますが、こどもたちは目の前のことに没頭して耳を傾けないので、だんだん「手洗い！」「うがい！」と語気が強くなりました。9月には手足口病が園内で流行して、“もしかしたら防げたかもしれない”と、X先生はショックを受けました。「言うことを聞かないとこうなるよ！」と、Aさんの手のひらの2ミリほどの水疱性発疹を、言うことを聞かないBくんに近づけました。「逃げろ！」「ぎゃあ」と声が上がり、こどもたちは手洗い場から逃げていきます。X先生は“しまった”と思いましたが、近くにいたY先生に何も言われなかったので、“こうでもしないと仕方がない”と思うようにしました。

「手洗い・うがいの場面」では、どんな権利を大切にするの？

手洗い・うがいは衛生管理の基本ですが、そうした文化がない国や地域、家庭もあります。こどもには「そこでの文化やことばをもつ権利」(こどもの権利条約第30条）がありますが、園では、気持ちのよい文化、心地のよい言葉をもちたいと思える環境にしましょう。慣れていないこどもには、冷たい水や手洗い場での押し合いなど、苦行のようなこともあります。蛇口やコップをこどもの背の高さや手の大きさに合わせたり、飛び散った水で滑らないようにマットを敷いたり、こども自身が使いやすい動線の環境設定で、“今しよう”と思えるタイミングを調整します。

同時に、①こどもが「やってみよう」「できるかも」と思えるように、絵本などで事前に「シャドーイング」(予行練習)、②こどもが「いいな」と憧れてくれる「モデリング」(お手本)、③こどもが「見ていてくれる」とわかるような「リーディング」(動きづくり)、④こどもが慌てずに済むようこどものペースに動作を合わせる「ペーシング」(歩み寄り）をします。それらを繰り返し共有することで、言葉が行動に、行動が習慣になっていきます。

☑ 手洗い・うがいの場面の「こどもの権利」自己評価チェックリスト10

言語面5

- □「またお手々つなぎたいな」「アワアワしよう」などと、手洗い・うがいをしたくなる声かけをしている
- □「さっぱりした」「きれいになった」などと、心地よくなったことを伝えている
- □「お水ちょうどいい？」などと聞いたりし、億劫な子などにも寄り添っている
- □「次は○○しようね」などと見通しを伝えて、楽しい場面への節目にしている
- □「かっこいいタオル」「かわいいコップ」などと、身近なタオルやコップなどに愛着をもてるようにしている

非言語面5

- □「手の洗い方」「うがいの仕方」「歯磨きの仕方」について、楽しくシャドーイング（予行練習）をしている
- □ リズムやペースを実感できるよう、手洗い・うがいをしている様子を「○○しました」と実況したり、アイコンタクト、うなずき、あいづちを入れて、リーディング（動きづくり）をしている
- □ 節目節目でモデリング（お手本）となり、真似されるように率先して行い、こどもが先にしていたときには、拍手で応援したり、リアクションをしている
- □ 遅れてやってきた子が落ち着いてできるように、ゆったりとした口調で手を差し伸べるなど、ペーシング（歩み寄り）をしている
- □ やりたくなるように、一息ついたり、「先生と一緒にしようか？」「今日はウェットティッシュにする？」など、視点を変えている

清潔区分

感染対策の場面を考えてみよう

事例 新型コロナウイルス感染症やインフルエンザの影響などで、休園、部分休園、登園自粛を繰り返しています。保護者からは「毎回休んでいたらクビになってしまう」「感染したら責任とれるのですか」などの声もあり、みんなモヤモヤしています。X先生のクラスでも、感染して待機期間を終えて登園してくる子が複数人います。「みんな〜」と言うと、一番に走ってくるAくんに「ごめん、ちょっと離れて」。「ぎゃはは」と大声で笑うBさんに「もう少し小さな声でお願いします」。棚や壁など何でも触って移動するCくんに「バイキンちゃんになっちゃう」と言っています。「菌をばらまくな」「隔離するぞ」と心の奥から声が漏れ出てしまいそうな表情です。Dくんに「先生どうしたの？」と声をかけられて、「はっ」と我に返り、Dくんを「ぎゅっ」と抱きしめそうになり、また「はっ」としました。

「感染対策の場面」では、どんな権利を大切にするの？

こどもには「あらゆる搾取から保護される権利」（こどもの権利条約第36条）があります。大人や社会の影響により、こどもの幸せが奪われることから守らなければなりません。たとえば、自然災害のようにウイルスも形を変えて繰り返しやってくることが想定されます。空気感染、飛沫感染、接触感染、経口感染を防ぐために、「三密」などをしながら、一方では、愛着形成や発達支援のために「親密」なかかわりを求められるなど、背中合わせの社会環境といえます。「この子にとって、今はどんなときか」「うれしいと思われる先生はどんな先生か」という原点に立ち返って判断しましょう。病気は治りますが、心は一見して治ったかはわかりません。身体は食べて寝て動けば育ちますが、心は感情がないと育ちません。「社会感情学習」（SEL）では、「喜びを感じるコミュニケーション」をします。人は人とつながることで進化することができました。たとえば、お昼の会や帰りの会でみんなで輪になって座るなど、「よかったこと」「いやだったこと」を話せる環境設定をして、お互いに共感し合う機会をつくります。身体の衛生管理（体調管理）を行って、心の栄養管理（愛情管理）を強化するようにしましょう。

✔ 感染対策の場面の「こどもの権利」自己評価チェックリスト10

言語面5

- ☐ 「手と手を大きく広げよう」「あっちも使っていいよ」などと、気持ちよく距離がとれるようにしている
- ☐ 「のびのび深呼吸タイム」「空気さんこんにちは」などと、換気を楽しみながら習慣づけている
- ☐ 「よかったことなあに？」「うれしかったこと教えて？」などと、快の感情を引き出して共感している
- ☐ 「いやだったことなあに？」「悲しかったこと教えて？」などと、不快な感情に寄り添い共感している
- ☐ 大きな声を出せるときや、大笑いや大泣きができることを伝えている

非言語面5

- ☐ 手をつないだり手を添えたり、自然で双方向なスキンシップをしている
- ☐ 一緒にご飯を食べたり、歌ったり、踊ったり、走ったりなど、生活や遊びをともにするためのサポートをしている
- ☐ こどもたちのその子たちらしいかかわりを穏やかに落ち着いて見守っている
- ☐ 感染やお休みをしても、「寒かったからね」などと、誰かを無言で責めたり人のせいにせずに、いつもと変わらない表情で安心させている
- ☐ 手を広げたり、大の字になったりして、言葉にならない気持ちを吐き出すことを手伝っている

着替えの場面を考えてみよう

事例 3歳児が水遊びから帰ってきて着替えています。着替えの時間では、室内のスペースを区切り、プライバシーが保てるように環境を整えています。片方のスペースからは、「自分でする」「見てて」「こうかな？」など、こどもたちの声が聞こえてきます。もう片方のスペースからは、「はい着替えて」「逆だよ！」「昨日できてたでしょ！」「靴下、投げないで」など、X先生の声が聞こえてきます。こどもたちの声が聞こえてくるスペースでは、もう次の活動に入ろうと、好き好きに遊んだり、おしゃべりしています。手が空いたY先生が手助けに来てくれて、こどもに合わせながら、「がんばったね」「できたね」などと声をかけながら、着替えが終わりました。X先生は「さすがはベテランのY先生だ」と思うと同時に、「同じクラスなのにいったい何が違うのだろう」と首をかしげました。

「着替えの場面」では、どんな権利を大切にするの？

毎日毎回の着替えは、自立や自我への一歩になるだけではありません。こどもに温かい情報を与えたり、こどもから得たりできます。こどもには「成長に役立つ情報を得る権利」（こどもの権利条約第13条）があります。①こどもの健康状態を確認する機会、②温かいスキンシップをする機会、③「虐待の芽」に早期に気づき手がかりを得る機会、になります。それでも、毎日毎回のことで、手取り足取り手伝ってあげたほうがいいか、自分でできるのだから口出ししないほうがいいか、迷うときもあります。そんなときは、以下に示す「グッドサイクル」の４つの順番のどこに重点を置くときなのかを考えるとよいでしょう。①私から安全・安心な関係や環境となる「安全基地」をつくる（関係の質）、②「見ていてくれている、やってみたい、自分でできる」と興味関心をもてるようにする（思考の質）、③「できたこと探し」をして認め上手になる（行動の質）、④出来映えは必要に応じてさりげなくフォローする（結果の質）。こどもにとっては、毎日毎回のチャレンジといえます。保育者は「安全基地」であることが大前提です。保育者が「行動の質」を認めてくれると想像できると、今はできないと感じることでも自ら踏み出し飛び越えることがしやすくなります。

☑ 着替えの場面の「こどもの権利」自己評価チェックリスト10

言語面 5

- □「一緒に○○したいな」などと、安全・安心に配慮しながら心地よくしている
- □「かっこいい服だね」「おしゃれさん」などと、「やってみたい」という好奇心を育て、こどもの思いを尊重している
- □「これ大変ね」「よくできたね」などと、チャレンジしたけどうまくできなかった行動を認めている
- □「１コできたね」「ここまでできたね」などと、「またやってみよう」と思えるように、結果をフォローしている
- □「お着替えがんばったね」などと、「がんばったこと探し」をして伝えている

非言語面 5

- □こどもの選んだファッション（ファッションセンス）を、表情やジェスチャーも交えて認めている
- □こどものタイミング、ペース、プライバシーに配慮して、ひと言、ひと声かけてから動くなど、必要な手助けをその子に確認している
- □“自分が着替えを手伝ってもらうなら”などと想像しながら、助太刀（すけだち）をしている
- □鏡を使ったりして、「シャツが出ている」「服が汚れている」など、自分で気づいて整えることができるようにしている
- □衣服の乱れも含めて、衛生状態や虐待の兆候など、その子からの異変のサインを見ようとしている

着脱区分

衣服の調節の場面を考えてみよう

事例 年少さんの午睡後の着替えの時間のことです。「髪やってー」とAさんがX先生のところにやってきたのでゴムで結ぼうとしました。耳からえりあしにかけて白いものが付着しており、よく見るとつむじあたりに2ミリほどのアタマジラミがいました。「シラミだ!!」と声を上げそうになりましたが、「みんな、ちょっと待ってて」と言い、Aさんの手首を引っ張って廊下で「服脱いで」と裸にしました。応援に来たY先生は「お母さんに報告しないと」などと全身の写真を撮っています。クラスでは、パンツで走り回るBくん、下着姿で寝ているCさん、スカートをはきたがっているDくんなど、発達差や性差もあるいろいろな子が騒ぎ出しています。「パンツの子は、オニさんと同じだよ!」「女の子の真似しない!」と、クラスに戻ると自分でもびっくりするくらい大きな声を出してしまいました。

「衣服の調節の場面」では、どんな権利を大切にするの？

こどもには、どんなときも「性を大事にされる権利」（こどもの権利条約第34条）があります。「衣服の調節」は、寒かったり暑かったり、汗をかいたり濡れてしまったり汚してしまったりしたときに、必要に応じて心地よくなるために行う行為です。そこまでの必要がないときに、トイレの中やみんなの前で裸にしたり、その写真を撮ったりなど絶対にしてはいけません。第三者の立場から自分を見たとき、「いかがわしい」「わいせつな行為」と思われないように、「カメラがなくとも、カメラがあって撮られるリスクがある」と考える細心の配慮が必要です。実際に、こどもの目、同僚の目、保護者の目、第三者の目（監査や記録など）という四方のカメラにより、後から必ずわかります。衣服は目に見えるのでわかりやすく、たとえば、糞尿で汚れているおむつをはかせたままにしたり、服を脱がせて外に出して反省させたりなど、日常時に聞いてアウトなことはアウトです。非日常（イレギュラー）の出来事と感じるときにも、死角をつくらずお互いに牽制し合い、不適切なことが日常（レギュラー）にならないようにしましょう。

✔ 衣服の調節の場面の「こどもの権利」自己評価チェックリスト10

言語面5

- □「暑い？」「寒い？」「気分はどう？」などと、体調や気分や天候などに合わせて調整できることを伝えている
- □「今日は寒くなるから上着を着ようか」などと、なぜ脱いだり着たり、つけたり外したりが必要なのか説明している
- □「濡れちゃったね」「さっぱりしよう」「よく似合うと思うよ」などと、イメージや見通しがつきやすいように伝えている
- □「どっちにしたい？」などと、こどもが選ぶことができる余地を与えている
- □「つけてみる？」などと、ピンやゴムなど身の回りへの興味関心を広げている

非言語面5

- □こどもがリラックスした状態で衣服などを身につけられるように、自分がリラックスしている
- □こどもが「ミラーリング」（動きについてくる）をできるように、上着をわかりやすく脱ぐなど、その子にしてほしい行動を見せている
- □「いやがっていないか」「恥ずかしがっていないか」など、言葉にならない表情や態度をよく観て、何をするのか説明してから、手伝っている
- □予期せぬ行動から急な対応で、慌てているこどもや同僚を、ゆったりとした表情や仕草や態度で落ち着かせている
- □着替えを手伝うときなど、お互いの性差の有無にかかわらず、いかがわしくなく自然で堂々としていることを確認し合っている

マスクの場面を考えてみよう

事例 年少さんのクラスでは、「せきエチケット」を学んでいます。「お鼻はチーンする」「くしゅんするときはこう」などと、X先生がティッシュを使ったり、鼻や口を両手で覆い、お手本を示しています。「せきがずっと出るときはマスク」などと指導しています。Aさんは風邪で3日間お休みして園に戻ってきました。けれども、グズグズと鼻水が止まらないことを気にしたX先生は、「マスクをしようか」と声をかけてマスクを着用しました。すると、「Bくんもお鼻出てるよ」とCさんに言われたので「Bくんもマスクしておこうか」とマスクを着けました。AさんとBくんは仲良しなので、「交換っこ！」と言ってマスクを交換し合って遊んでいます。フォローに来たY先生が驚いて「交換しない！」「言うこと聞かないと注射するよ！」と人差し指で刺す真似をしました。

「マスクの場面」では、どんな権利を大切にするの？

「マスクがいい」「マスクする」と言う子がいます。よい行為のように聞こえますが、本当にそうでしょうか。こどもには「尊厳を守られながら教育を受ける権利」（こどもの権利条約第28条）があります。たとえば、マスクを長期間強要されるなど「人間的ではない扱い」をされて、心に傷を負っている子もいます。「マスク被害にあった子」は、元の子に戻れるようにサポートすることが必要です。

脳科学では、「脳の報酬」は共感し共鳴するなど、人と触れ合う「喜び」から得られるといいます。しかし、長くあるいは強制的に抑圧されると、人との触れ合いをおそれ、人とは異なるものから喜びを得ようとします。また、マスクで表情の大部分を隠された目だけでは、触れ合いや感情交流も上手にしにくかったりします。たとえば、ほかの子と接することが大好きだったこどもが、小学校に行くと、友だちとの遊びに興味関心を示さず、「もう行きたくない」「テレビをずっと観ていたい」などと言ったりします。マスクなどきまりを教えるには、「心から安心」と心理的になるように、理由などを丁寧に伝えながら、①つながりがあること（交流欲求）、②認められること（承認欲求）、③チャレンジできること（挑戦欲求）の３つの欲求を満たし、尊厳を保つことが大切です。

マスクの場面の「こどもの権利」自己評価チェックリスト10

言語面 5

- □ こどもがマスクをする必要があるときは、「マスクも似合うね」などと、マスク姿になることを応援している
- □ こどもがマスクを着けているときは、「具合はどうですか？」「苦しくないですか？」などと、その子の気持ちを代弁しようとしている
- □ こどもがマスクをする必要があるかどうか迷うときは、「マスクの出番かな？」などと、本人や本人の家族に聞いている
- □ 保育者がマスクを着けたいときは、なぜマスクをするのか説明している
- □ 保育者がマスクを着けているときは、「先生、今どんな顔でしょうか」などと、自分自身の表情を言葉でも補っている

非言語面 5

- □ アイスマイル（目で笑顔）はもちろん、表情全体で笑うようにしている
- □ アイビーム（目で指導）を届けるために、表情全体で感情を伝えている
- □ 保育者がマスクをするときは、ガイドライン等に基づく園の方針として着け、いつも以上に身体を使ってフォローしている
- □ こどもがマスクをするときは、その子の理解や意思を確認してから着け、短時間で外せるようにその子の状態を見ている
- □ 保育者がマスクを外したときは、顔面のストレッチをしたり鏡を使うなど、表情がつくれているかどうかなど身だしなみを整えている

登降区分

受け入れ・受け渡し の場面を考えてみよう

事例 3歳児のAさんは、毎朝7時にお母さんと登園してきます。早番担当のX先生は、7時ちょうどに出勤して、門の前や車の中で待っていたほかの3人の子に「みんなお待たせ。朝早いね」と受け入れました。Aさんのお母さんが「あの……」と言いかけたのですが、「お母さん！　おはようございます」と挨拶をされたので、お母さんは思わず言葉を飲み込みました。日中、Aさんは微熱が出て、転んで膝を少しすりむきました。延長保育の時間も終わり、19時を過ぎてもお母さんは来ません。遅番のY先生は「遅いね」「一人になっちゃったね」「お外暗いね」と、Aさんに声をかけています。19時半頃にお母さんが来たので、「2人で心配して待ってたんですよ」と受け渡しました。お母さんは「申し訳ありません」と謝り、靴を履いていたAさんを「モタモタしないで！」と抱え上げました。

「受け入れ・受け渡しの場面」では、どんな権利を大切にするの？

朝夕の受け入れ・受け渡しは、対面での貴重な情報交換の機会です。こどもには「保護者に養育される権利」（こどもの権利条約第18条）があります。保護者が養育する義務を果たしやすくなるように尊重しながらバトンタッチをしましょう。しかし、保護者は子育てを手探りで行いながら、育児以外の仕事や事情も抱えています。一方で、保育者は「専門的知識及び技術をもって、児童の保育及び児童の保護者に対する保育に関する指導を行うことを業とする」保育のプロです。そのため、連携する際にバトンミスも起こりやすいです。そこで充足したいのは、出来事の共有や心持ちへの共感による、うれしさの「感情ビタミン」です。そして、ホウレンソウ（報告・連絡・相談）による「信頼ビタミン」です。心に栄養が届きやすくなるように、「時間の構造化」をするとよいでしょう。挨拶などと少しの雑談の時間など「心の準備運動」の時間を挟んでから、本題に入ります。そうでないと、言いたいことも言えず、後からたまりにたまった不安や不満をぶつけ合うことになります。日頃から、ひと声、ひと手間をかけましょう。

✔ 受け入れ・受け渡しの場面の「こどもの権利」自己評価チェックリスト10

言語面 5

- □「○○さん、いってらっしゃい」「おかえりなさい」などと名前を呼んで挨拶したり、天気や体調などのなにげない雑談を意図的に保護者としている
- □「こんなことあったんですよ」などと、不安が安心になるように、保護者とその子の話をしている
- □「お変わりないですか？」などと、保護者の悩み事は早期に拾おうとしている
- □「すみません」など「謝罪」「感謝」「依頼」と複数の解釈ができる言葉を、意味がわかるように保護者に伝えている
- □「楽しみだね」「やったね」などと、こどもとその子の保護者を応援している

非言語面 5

- □ 目配り、気配りをして保護者と向き合い、発するシグナルからこどもの情報をキャッチしようとしている
- □ 目合わせ、声合わせ、手合わせをしながら、保護者との間でこどもの受け渡しをしている
- □ 保護者向けの「よそ行きの顔・態度・声音・呼び方」を、こども向けの「いつもと同じ顔・態度・声音・呼び方」にし、自然体で接している
- □ どんな保護者にもリスペクトのある表情や態度で臨み、保育以外のことは専門機関とも関係を築いている
- □ 保護者に感情移入したり保護者からの感情を受け入れるのではなく、受け止めることで、飲み込まれずに心理的な距離をとっている

登降区分

朝の会・帰りの会
の場面を考えてみよう

事例 月曜日の４歳児クラスの朝の会です。「おはようございます」「お休みの日は何をして遊んだのかな？」とX先生の声が響き渡ります。「みんなで動物園に行った」Aくん、「パパと釣りをした」Bくん、「お兄ちゃんとゲームした」Cさん、「おばあちゃんとお買い物した」Dくんなど、みんな思い思いに家族と過ごしたお休みの日のことを発表します。そんななか、表情が固まっているEさんが目に留まりました。「Eちゃんは？」と声をかけると、「みんなと同じ……」と、か細い声です。「家族で何したの？」と聞くと、「同じ同じ！」と強い語気で身体を強ばらせています。X先生は困ったような表情になり、「今日はお腹にオナジ虫さんいるのかな？」「さあ、朝のお歌を歌いましょう」と、みんなのほうを向いてピアノを弾き出しました。

「朝の会・帰りの会の場面」では、どんな権利を大切にするの？

家族や家庭など、「おうち」のありようは多種多様ですが、その子にとっての「おうち」が必ずあります。こどもには「家庭を奪われたら代わりに守られる権利」（こどもの権利条約第20条）や「養子になる権利」（同第21条）もあります。こどもたちに家庭や家族の話を聞くことはありますし、こどもが話してくることもあります。興味本位で聞いてはいけません。「いろんなおうち」を受け止められるように支えます。どんなときも、その子にとって、有意義な時間となるように、共感しながら聞きましょう。また、家庭の時間とスムーズに連携するには、朝の会で心のウォーミングアップをします。①丁寧に名前を呼んで挨拶をする、②話を聞いたり歌を歌い合ったりする、などして踏み台昇降のように「イチ、ニ」と登っていきます。帰りの会は心のクールダウンで、足踏みしながら、階段を降りていくイメージです。みんなの足並みが同じに揃う必要はありません。「会えたね」「またね」と、今日も明日もその子にとっていい日にしてあげましょう。

✔ 朝の会・帰りの会の場面の「こどもの権利」自己評価チェックリスト10

言語面 5

- □「おはよう！」「今日は〇〇しようね」などと、朝の会で一日の楽しみがもてるようにしている
- □「今日は〇〇したね」「明日は〇〇しようね」などと、帰りの会で今日と明日へのうれしさがもてるようにしている
- □先生が話しているばかりでなく、こどもからの話を大切に聞いている
- □先生が提案するばかりではなく、こどもからの提案を大切に聞いている
- □挨拶を求める前に、こどもならではのいろいろな挨拶に応答している

非言語面 5

- □「手はおひざ」「お口チャック」「お背中ピン」「お壁ぺったん」などばかりに頼らず、こどもの今の心持ちを五感で感じ取ろうとしている
- □こどもの表情、目の色、なにげない仕草、ため息、呼吸、漏れ出る言葉などから、その子の状態を見ている
- □挨拶や歌など、じっとして「しない子」なりの参加の仕方を受け止めている
- □園以外では、「家族と何をしたか」より「その子が何をしたか」にフォーカスを当て、多様な家庭環境や家庭事情を想定して、その子の話を聞いている
- □こどもたちが自ら話したいと思う余裕や余地を演出し、こどもたちを中心にして話させている

登降
区分

園バス・送迎車の場面を考えてみよう

事例 「出発進行！」とＡさんが言うのと同時に、帰りのバスが出発しました。今日はこどもが４人で先生はいません。運転手は“一人でも大丈夫だろう”と思って走らせながら、「今日は水遊びしたんだって？」と後ろに向かって声をかけました。こどもたちは好き好きにおしゃべりしたり身体を動かしています。運転手は「静かに座っていて」と声をかけました。Ｂくんが立ち上がったので、バスを急停車して、「座っていられないなら降ろすよ！」と叱ると、Ｃさんはびっくりして泣いてしまいました。Ｄくんは「かくれんぼ」と言って座席の下に隠れて、そのまま眠ってしまいました。それからバスは何事もなく、Ａさん、Ｂくん、Ｃさんが停車場で降りていきました。静かになった車内をバックミラー越しに見た運転手は、園に向かってバスを走らせました。

「園バス・送迎車の場面」では、どんな権利を大切にするの？

バスや自動車は、便利な反面、凶器にもなります。運転手や添乗員は、その使い手です。こどもには「よその国に連れさられない権利」（こどもの権利条約第11条）があります。こどもにとって「よその国」は、「平和なこの世」ではなく「異変なあの世」です。日常の生活から一瞬にして、こどもが「あの世」に連れさられ、「この世」に戻れなくなることがあります。園バスの送迎時で考えると、①車内への「置き去り」、②注意力が散漫な「慢心運転」、③「自分で降りて」「先に行って」などのこどもの「一人降り」です。「つい、うっかり」「ぼんやり」が取り返しのつかない事態を引き起こします。大切な命を乗せていることを今一度肝に銘じて、目視と「指差呼称」（指差し声出し）でこどもの点呼と安全確認を怠ることなくするようにしましょう。所在確認を、乗車名簿、チェックシート、安全装置の「三点セット」を使って行い、こどもたちの送迎を無事に終えるまでが保育です。なお、法改正もあり、園の活動で車を使う場合は、①乗降車の際に「点呼等の方法により園児の所在確認をすること」はもちろんのこと、②降車の際に「ブザーその他の車内の園児等の見落としを防止する装置の装備を用いて所在確認すること」は、最重要の義務の1つです。

✔ 園バス・送迎車の場面の「こどもの権利」自己評価チェックリスト10

言語面5

- □ 駐車場では、人数と名前の点呼をお互いにし、受け渡しをしている
- □ 停車場では、こどもの名前を呼んで挨拶をして、受け渡しをしている
- □ 停車場では、保護者に不安や不審な様子がないか確認しながらひと声かけている
- □ 無断欠席や連絡がないときは、「どうされましたか？」「お休みですか？」などと、安否確認・出欠確認が取れるまで確認している
- □ 「○○くんはお休みです」「まだ連絡ありません」などと事実を伝え合っている

非言語面5

- □ 指差し、声出しは目視して行い、はっきりとしたジェスチャーで行っている
- □ 発車前は、「前よし」「後ろよし」などと安全を確認し、降車時は、先に降りて安全を確認してからこどもを降ろしている
- □ 毎回、「ヒヤリハット」などを想像しながら、乗車名簿、チェックシート、安全装置の「三点セット」を確認している
- □ 毎回、「OK」などと声に出して指差しをし、座席の下などに隠れていないかなど呼びかけながら巡回し、最後にバスや駐車場から離れている
- □ こどもの降車後は、人力の点呼等の方法だけでなく、機械のブザー等の見落とし防止の装置により、こどもの所在確認をダブルチェックしている

表現区分

身体・リズム の場面を考えてみよう

事例 雨の日の４歳児クラスでは、動物図鑑を見て動物の特徴を話し合い、X先生が「おさるさんの真似をしてみよう」と呼びかけました。顔の上下に手を置いたり、腕をだらんとしたり、お互いに毛繕いしたり、バナナを食べる仕草をしたり、みんな楽しそうでした。そこで今度は、「ブタさんの真似をしてみよう」と呼びかけました。手足を床につけたり、ほっぺを膨らませる子はいたものの、みんな「ブーブー」など言葉で言い合い、身体の動きがついてきません。「どうしたの？」と鼻を指で押し上げてブタの鼻真似をしたところ、こどもたちはゲラゲラと大笑いしました。Aくんも「ブタさんだ！」と指を差して大騒ぎです。X先生は複雑な気分になって、「いいかげんにしなさい！」とみんなを叱り、Aくんのお腹を「ブタさんのお腹」と言って、ポンポンしました。

「身体・リズムの場面」では、どんな権利を大切にするの？

日々いっぱいいっぱいで余裕もなく、大好きだったはずの保育が「保管＋飼育」になっていませんか？　こどもには「戦争から守られる権利」（こどもの権利条約第38条）があります。未来永劫にわたり、どんな環境になっても、命令も参加も傍観もしないスキルが保育者には必要であり、楽しい身体表現はその1つになりえます。オリンピックの新競技にもなった「ブレイキン」は、即興で音に合わせて身体の表現で気持ちや思いを交換し合います。もともとはギャング同士の争いを平和的に解決するために生まれたもので、①身体の使い方（身体）、②音と調和した姿勢（解釈）、③独創性や個性（芸術）の３つの基準で判定します。こどもたちはすべてを言葉にすることはできません。その分、ボディランゲージは得意だったりします。「ワンワン」など、さまざまな動きや状態を音で表現した「オノマトペ」も器用に使いこなしたりします。その子らしい身体、解釈、芸術を見つけ出し、自分の気持ちや相手の気持ちの表現に気づいて認め合い、みんなで仲良く動きを楽しみましょう。

✔ 身体・リズムの場面の「こどもの権利」自己評価チェックリスト10

言語面5

- ☐「ニャンニャン」「ガオー」など、動物や人間の声を真似した「擬声語」を用いて、役のイメージを楽しく演出している
- ☐「ザワザワ」「そよそよ」など、自然の音や物音を真似した「擬音語」を用いて、外の世界観を楽しく演出している
- ☐「ピカピカ」「きらきら」「グチャグチャ」など、無生物の動きや様子を真似した「擬態語」を用いて、想像を膨らませている
- ☐「パクパク」「ふわふわ」「バタバタ」など、生物の動きや様子を真似した「擬容語」を用いて、なりきりやすくしている
- ☐「ウキウキ」「イライラ」「しくしく」など、気持ちや感覚を真似した「擬情語」を用いて、身体の動きで気持ちや思いを表現しやすいようにしている

非言語面5

- ☐「運動は好きだけど、運動させられるのは嫌い」とならないように、気持ちの変化を読み取り、動かないことも認めている
- ☐「走って」「動いて」など口ばかりでなく、お手本となる素振りを見せている
- ☐「まねっこ遊び」「なりきり遊び」などで、思い思いの身体表現を受け止めて、言葉だけでなくボディランゲージで返している
- ☐ 振り付けやリズムを一方的に教え込まず、身体を動かす楽しさを優先している
- ☐ こども同士の身体表現を、1つの芸術作品として観ようとしている

表現区分

描画・造形の場面を考えてみよう

事例　おいも掘りをしてきた３歳児クラスでは、保護者から「まとまっている」「しつけ上手」などと評判のＸ先生が「おいもさんの絵を描きましょう」ということで、新聞紙を敷いて、絵筆と画用紙を配りました。Ａさんが棒のような線を何本も描いていたら、「根っこじゃないよ」「おいもさんは丸いよ」と、採ってきたおいもを見せられます。Ｂくんは絵の具を手のひらに付けて描こうとして、「汚れるでしょ」と注意されています。セロハンテープを繰り返し求めたＣさんは「テープは今使わない」と叱られたら「うるさい」とかんしゃくを起こしたので、口にセロハンテープを貼り付けられました。Ｄくんは立ち上がって、絵の具を顔や新聞紙などあちこちに付けて遊び始めました。Ｘ先生は「いたずらする子はこうなります」と、一人ひとりのおでこに絵筆で赤い絵の具を付けていきました。泣く子もいれば笑う子もいて、結局、Ｘ先生が手をつかんで描いて終わりにしました。

「描画・造形の場面」では、どんな権利を大切にするの？

こどもたちが描く絵の発達は、ぐしゃぐしゃ汚すなぐり描き期、意味を持ち出す象徴期、つながりのないカタログ期など、その子の心、頭、身体の発達と密接な関係があります。造形表現は、営利目的で製品を製造させる行為ではなく、その子自身の今を表現する行為です。こどもの「文化芸術活動に参加する権利」（こどもの権利条約第31条）では、自ら「面白そう」「楽しそう」と想像して創造していこうとする心持ちが大切です。「きちんと」「正しく」「目的をもって」「成果を出す」という「４つのよかれ」を一方的に求めてしまうと、しつけではなく押し付けとなり、発達の妨げになってしまいます。自由にその子らしく表現できる環境設定をし、「何だろう」「やってみたい」などと挑戦し、日々の遊びが学びになるように、「遊びの質」のある支援をします。ですから、「上手にできたか」「何を描いたか」などをただ聞くのは野暮（やぼ）です。こどもは遊びの発明家であり芸術家です。こどもたちの芽を摘まないように、「４つのよかれ」などの肩の荷をおろして、リラックスして一緒に楽しみましょう。

☑ 描画・造形の場面の「こどもの権利」自己評価チェックリスト10

言語面5

- □「楽しそうだね」「どうやって描いたの？」などと、やりたい、楽しい、挑戦したいと思うプロセスに価値をおいている
- □「楽しかった？」「すごいのができたね？」などと、たとえヘンテコに見えてもしらけたりからかったりせず、今の気持ちを味わい合いながら鑑賞している
- □「びっくりです」「ＷＯＷ！」などと、未知なる天才的な表現者たちに対して、第一声から畏敬の念とリスペクトを表明している
- □「！？」と、不思議な取り組みや成果物を受け止め、驚きと感動を伝えている
- □ 指図したり、ゴチャゴチャ言わずに、率直に端的に一緒に喜んでいる

非言語面5

- □「何だろう」「面白いものができたね」などと、好奇心と興味関心をあらわにした表情と態度で、その子と一緒に評価をしている
- □ 気乗りしなそうに見えても、質問に応えたり創作意欲を掻き立てている
- □ こどものペースで、つぶやきや鼻息や仕草を味わい合いながら、創作活動に集中してもらっている
- □ 制作途中や制作後に目や表情などでサインやシグナルが送られた際は、「うん」「いいよ」などとサイン交換をしている
- □ 予想外なアクションなどに対しても、ジェスチャーを交えたりして気持ちのよいリアクションをとっている

表現区分

歌・音楽 の場面を考えてみよう

事例 夕方の合同保育の時間、２歳児さんから年長さんまで「森のくまさん」を一緒に歌っています。２歳のＡさんはマラカスを握って、ガシャガシャと音を出しています。４歳のＢくんはタンバリンを持って、ジャンジャカといろいろな音を試しています。５歳のＣくんとＤくんは、全身に力を入れて叫んでいます。「みんな、もっと大きな声で歌いましょう」などと、伴奏の間にＸ先生の声が響きます。ドンドンと足踏みが聞こえてＥさんが「うるさい！」と言うと、Ｘ先生も「うるさい！」と言いました。歌わないでウロウロしていたＦさんがお部屋を出ようとしたので、「出ていくなら隣の部屋で一人でいなさい」と言いました。Ｇさんがピアノを触り出したので、「触らないで！」と手を叩いてしまいました。

「歌・音楽の場面」では、どんな権利を大切にするの？

音楽は国境を越えることができます。説明はいらないし、国籍も関係ありません。こどもには音や声や動作などいろいろな意見をもって「自由に集まる権利」（こどもの権利条約第15条）があります。こども自身が、こどもや大人と一緒に団体や集会をつくったり参加したりする権利です。地球環境や自然災害、紛争・戦争、差別・貧困など、人々が力を合わせて解決しなければいけない共通の問題は山ほどあります。たとえば、スウェーデンの少女は、コンサートなど楽曲も交えて環境保護の活動をしています。また、「いじめはだめ」と口で言うよりも、「切手のないおくりもの」「世界の国からこんにちは」など、歌を歌うことで自然と手をつなぎやすくなったりします。音楽は音を楽しむことで、歌うことは音を出すことです。音で意見を聞き、音で意見を表明する行為につながるのです。「音楽は国境を越えた言語」といわれるゆえんです。人間は、もともと言葉などなく、音と音とを共鳴させながらまとまり、安らぎや心地よさを得てきました。「共鳴による共感」をしながら、音による多様なコミュニケーションを楽しみましょう。

歌・音楽の場面の「こどもの権利」自己評価チェックリスト10

言語面 5

- □「カバさんみたいな大きな口で歌いましょう」などとイメージできるように伝え、実際に大きく口を開いてお手本を見せている
- □「先生のピアノを聞きながら歌ってね〜」などと、音楽にリズミカルに入りやすいように誘っている
- □歌に音をつけようとしたこどもの手拍子や楽器などのイメージに共感している
- □その子らしい自然な「こどもの音」「こどもの声」を引き出そうとしている
- □「楽しいね」「面白いね」など感情の明確化により、一緒に歌うことで生まれる心地よい気持ちを言葉ですっきり伝えている

非言語面 5

- □歌わない子や注目してほしい子にも、アイコンタクトやうなずきをして見ていることを伝えている
- □身体を気持ちよく揺らしながら演奏したり歌うことで、こどもが身体の力を抜けるお手伝いをしている
- □小鳥のように口を小さくして歌うモデルを見せることで、「大声を出さなければいけない」という不安をなくしている
- □その子たちの歌のイメージや世界観を膨らませながら、歌詞やリズムを味わえるようにサポートしている
- □歌声に合わせて、その子のコミュニケーションの好みに合わせた心地よいコミュニケーションをとろうとしている

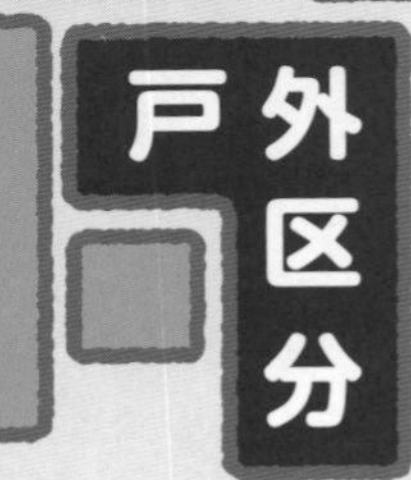

園庭・テラス
の場面を考えてみよう

事例 園庭の裏から「恐竜のタマゴ！」と声が聞こえるので、X先生は「そっち行っちゃだめだよ」と声をかけに行きました。AくんとBくんが「先生見て！」とX先生の手のひらにダンゴムシを6匹のせると、「先生、虫大嫌い！」とX先生は投げ落としました。砂場に行くと、Cさんがバケツに水を汲んできて砂山に水を流して川にしようとしましたが、失敗してトンネルを崩してしまいました。Dさんが怒って、「なにするん！」「もう！」と、砂と水をCさんにかけようとしたらX先生にかかりました。「小さい子が見てるよ」と叱ると、「うるせえ、あっち行け」と言われ、「砂をかけられると痛いんだよ」とDさんに砂をひとつまみしてかけ返しました。Eさんはオニを交代できずにフラフラしています。

「園庭・テラスの場面」では、どんな権利を大切にするの？

窓の外の世界は、危険もある分、魅力もたっぷりです。こどもたちなりの冒険や挑戦で心身の能力を高めていきますが、冒険や挑戦には危険も含まれます。保育者自身が、身体的にも安全・安心な「安全基地」であることは、大前提といえます。こどもには「ルールを作ってもらう権利」（こどもの権利条約第４条）があります。たとえば、プールや遊具です。楽しいはずの場所や遊びで、溺水（できすい）、滑落（かつらく）、絞扼（こうやく）、圧迫、傷害などの死亡事故が発生しています。ルールは、環境構成を担う保育者が設定します。だからこそ、「安全計画」が必要となり、安全点検と安全対策が大切な義務となります。「危ないよ」「約束でしょ」などと、一方的に、こどもに「安全教育」を押し付けるだけでは、訳もわからず納得もできず、ルールは身につきません。「危険予測能力」や「危険回避能力」をこどもにもってもらうには、「○○すると、○○して、○○になる」と具体的に理由を説明することです。同時に、こどもたちに気持ちを聞いて、「なぜこんなルールがあるのか」を一緒に考え、ときに代替案を提案して、屋外を楽しむようにしましょう。

✔ 園庭・テラスの場面の「こどもの権利」自己評価チェックリスト10

言語面5

- ☐「これはモンシロチョウ」「あれはヒツジ雲」などと知識を伝えるだけではなく、「白くてキレイだね」「どこに行くのかな」などと一緒に味わっている
- ☐「泥だんごだね」「水風船だ」など見た目を伝えるだけではなく、「作り方教えて」などと、こどもの探索にきちんと付き合い、面白さを一緒に味わっている
- ☐「カメムシは汚い」「あの草は雑草」などと決めつけずに、好奇心を広げている
- ☐ 好き嫌いや都合を押し付けずに、夢中になる楽しさをつぶさず想像している
- ☐「危ない」「やめて」などと急な抑止だけではなく、わかりやすい言葉を選んで組み立て、わかるように根気強く、目線を合わせて伝えている

非言語面5

- ☐「ここなら落ち着く」などといった、その子の「安心基地」を保障している
- ☐「ここはぼくたちの隠れ家」などといった、こども同士のやりとりが生まれる「秘密基地」を見守っている
- ☐「危ない所で大はしゃぎしている子」「陰で見えなくなっている子」などといった、死角に目を光らせる「観測基地」を設置している
- ☐「少し休みたい」「お水が飲みたい」「手を拭きたい」などといった、一息二息つける「休憩基地」を準備している
- ☐「○○ちゃんと一緒にトイレに行ってきます」などといった、誰もがホウレンソウできる「通信基地」となっている

散歩の場面を考えてみよう

事例 ペットボトルで作ったバッグを持って、３歳児クラスは公園にどんぐりを拾いに行きます。「早く行きたい」とＡくん、「靴、早くやって！」とＢさんなど、みんな楽しみにしていました。一方で、「今日の散歩計画は？　出発前の写真撮った？」とＸ先生。「トントンまーえ」と背の順に一列に並ばせようとして、「できない子は連れて行かないから」とＹ先生。「雨が降りそうだから中止したほうがいいんじゃないか」と言い出せずに点呼をし、Ｃくんに「帽子！」と勢いよく帽子を被せてゴムをひっぱるＺ先生。一行は、黙々と前を向いて道路を歩きます。列からはみ出る子は列に押し戻されて、立ち止まる子は手を引っ張られて、おしゃべりする子は口にチャックをされて、目的地に向かっています。Ｄさんは転んでしまい「帰りたい」と言います。ポツリと雨粒が落ちてきて、Ｅさんは座り込んで空を見ています。自転車が来ると「止まって！」、横断歩道では「手を挙げて！」と大きな声が響きます。

「散歩の場面」では、どんな権利を大切にするの？

散歩は移動ではなく、変わりゆく景色や自然の移ろいを感じながら、道そのものを楽しむのが目的です。しかし、車や人などの「予期せぬ流れ」と、こどもの「予期せぬ動き」というリスクがあります。こどもには「よくない物事に巻き込まれない権利」（こどもの権利条約第33条）があります。道には、虫や花など、こどもにとって興味関心を惹くものがたくさんあります。一方で、危険物、不審者、交通事故などのリスクもたくさんあります。ワクワクする「何だろう」に寄り添い、ピリピリする「大丈夫かな」をほどよくするには、下見や散歩計画はもちろんのこと、散歩の前に絵本などの遊びのなかで、交通安全や外を歩く際のルールを一緒に楽しく学んでいることが大切です。「気になるもの」「危険なこと」がわかるように、何を感じているか共感しながら、脅さないように冷静に、どうしたらよいか一緒に考えます。こども自身やこども同士が「クルマ、（○○だから）あぶない」などと気づき、助け合えるように支援しましょう。

☑ 散歩の場面の「こどもの権利」自己評価チェックリスト10

言語面5

- □「きれいな空だね」「風が気持ちいいね」などと、共有しているスペース（空間）を、五感すべてで感じながら、一緒に体験の一致を楽しんでいる
- □「これ見たい」などのこどもの価値観に寄り添って、「見たいな」などと保育者の価値観を伝えることで、共有できるゾーン（範囲）を、一瞬一瞬を楽しみながら、一緒に価値を一致させている
- □「公園に着いたら何ができるかな？」などと大きな質問をしながら、こどもが満足できる目標を一緒に探している
- □「公園に着くには何が必要かな？」などと小さく質問をしながら、こどもの意欲につながる一歩目を一緒に探している
- □「ほかに何か必要なものはあるかな？」「みんないるかな？」などといろいろな質問をしながら、こどもと一緒に忘れ物や点呼もれなどはないか確認している

非言語面5

- □ 走るとどうなってしまうのかを、実演などをして伝わるようにしている
- □「車によく見えるように手を挙げるね」「先生の手を見ててね」などと、こどもが真似しやすいように動作のお手本を示している
- □ 対面する信号や交差する信号が変わる瞬間を、楽しみながら一緒に見ている
- □「触っていいもの」「見ていいもの」など、指差しなどに応答して手を差し出したり、アイコンタクトやうなずきやあいづちを交えながら、実地で伝えている
- □ 散歩そのものが楽しみになるように、立ち止まったり、手を差し伸べたり、寄り道や道草ができるようにペース配分をして歩いている

公園の場面を考えてみよう

事例 公園では、ほかの園のこどもたちも遊んでいました。犬や猫、近所の人もいます。ブランコには６人の列ができており、その後ろに並んだＡさんにＸ先生は「もう帰るから、また今度にしよう」と言いましたが、「待つ」と言って聞きません。Ｘ先生が「水鉄砲しよう！」と言って顔の前に水鉄砲を突きつけると、Ａさんは逃げ出しました。滑り台では、下から登ろうとしているＢくん、頭から滑ろうとしているＣくんがいます。「ほかのお友だちもいるでしょう」とＹ先生にお尻をポンと叩かれています。ベンチからＤさんに近づいてきた見知らぬおじさんにＤさんが「こんにちは」と言うと離れていきました。「知らない人に声をかけたらだめでしょう」とＺ先生は手首を引っ張りました。帰り道、園に近づくと、一番後ろから、「忘れ物だよ」とおばあちゃんが園のリュックサックを持ってＡさんと一緒に歩いてきました。

「公園の場面」では、どんな権利を大切にするの？

公園は、園から離れた場所にある、開かれた分園といえます。雨で濡れているなど、その日の遊具の状態、危険物や危険箇所はないか、公園内の状況など、園と同じように安全点検が必要です。こどもには「身元情報を奪われない権利」「誘拐から守られる権利」（こどもの権利条約第８条、第35条）があります。日頃の安全点検を怠ると、「こどもの置き去り」「こどもたちの個人情報の置きざらし」につながりかねません。ですから、寒暖差や天気の変化に対応できる準備も含めて、できる限りの策を講じる必要があります。

たとえば、こどもたちを遊ばせる前に公園を一周して、ゴミと一緒に危険そうなものを拾いましょう。遊具にサビや劣化などがあれば管理者に連絡します。不審者には近づかず、向こうから近づいて来たらみんなに聞こえるよう挨拶をして守ります。持ち物はまとめて置いておくようにして、帽子には目立つリボンを付けます。帰るときは、緊急時の連絡先など個人情報の詰まった持ち物も含めて、指差し声出しで点呼をします。地道な安全管理を習慣化しましょう。

☑ 公園の場面の「こどもの権利」自己評価チェックリスト10

言語面5

- □「少しだけだよ」などの感覚的な言葉は、意外と長い時間だったりするので、「1回乗ろうか」などとわかりやすく問いかけている
- □決められた使い方・遊び方以外のこどもの創意工夫をいったん肯定してから、必要に応じて危険であることの理由を説明している
- □昆虫、石ころ、草花など、拾って持って帰ってはいけないものは、「みんなの〇〇」「ここに置いて帰ろう」などと伝えている
- □率先して挨拶をして近所や地域に顔見知りを増やし、不審者対策やセーフティネットとなる対話をしている
- □こども自身が交番などに「ピンポン」できるように、言葉かけをしている

非言語面5

- □頭ごなしに大声で邪魔したりせず、「やってみたい」「チャレンジする」といった挑戦サイクルを静かに安全・安心に目配りして、ワクワクと応援している
- □「ほら、言ったでしょ！」「わかった？」などとドヤ顔で否定をせず、「ここで見ているからね」などと、こどもが安心できるように安全に配慮して見守っている
- □年齢だけで区切らず、発達差や憧れる気持ちを受け止めながら、こどもたちの遊びたい気持ちを聞いたり必要な手助けをしている
- □遊具にひもや服のフードなどが首にからまらないように、危ないことを取り除いている
- □「10秒で交代ルール」などを一方的に押し付けるだけでなく、こどもたち同士で話し合えるようにはたらきかけている

行為・行動区分

けんか・いじめの場面を考えてみよう

事例 大人気のウサギのぬいぐるみを、「貸して」「私の」などと言い合い、もみ合いながら、４歳児のＡさんとＢさんが取り合っています。Ｘ先生が「けんかはダメだよ」「お人形さん悲しい」と言うと、Ａさんは「そんなの知らない！」と叫び、Ｂさんは「関係ねえ」と言ってＸ先生の手を叩きました。「叩かれたら痛いよ」と言って、Ｂさんを軽く叩いて「痛いでしょ？」と言いました。

翌日、ＡさんとＢさんがおままごとをして遊んでいると、「入れて」とＣさんが来ました。「だめ」「来ないで」とＡさんが手で払っているのを見たＸ先生は、「入れてあげて」とＣさんの手を引いていきました。すると、Ａさんに全身でぶつかられて、Ｘ先生は尻もちをついて倒れました。Ｘ先生は「仲良く遊べない子はお部屋から出ていきなさい！」と言って、ＡさんとＢさんを部屋の外に連れ出しました。

「けんか・いじめの場面」では、どんな権利を大切にするの？

保育者は、こどもの気持ちを代弁する弁護士さんといえますが、時に「裁決をしない裁判官」にもなります。こどもには「ほかの子の人権や権利の大切さを学ぶ権利」(こどもの権利条約第40条) があります。けんかは対等で成り立ちます。「1対1」「道具なし」「もうやめてのサインでおわり」などのルールがあります。頭ごなしに「けんか両成敗」とせず、「本当はどうしたかったのか」「どんな気持ちだったのか」などを双方に同じ質量で聞くなど、「平等」に寄り添います。

いじめは人数や強弱などに「偏り」があります。そのため「今はいい所だったのかな？」などと夢中な気持ちなどを汲み取りながら、「今日は入れてもらえず残念だったね」「先生がいるよ」などと悲しい気持ちをわかち合い、気分転換するなど、異なる質量でこどもたちの立場や土台が「公平」になるように寄り添います。どのこどもに対しても、安心を与えて信頼が得られるよう、「気持ちを伝えられたね」「がんばったね」などと、保育者が仲裁するまでのけんかやいじめになった気持ちを丁寧に拾い集め、認めていきましょう。

✔ けんか・いじめの場面の「こどもの権利」自己評価チェックリスト10

言語面5

- □「先生に教えてくれる？」「○○だったね」などと、こどもの理由や気持ちを大切にしている
- □「いいよ」「わかった」だけでなく、「いやだ」「やめて」という意思表示をしていいことを伝えている
- □「どうしたの？」と問い詰めて孤立させたりせず、「どうなさいました？」「一緒に考えよう」などと、安心できるようにはたらきかけている
- □「いやだったね」「我慢してたんだね」などと悲しい気持ちや困った気持ちに寄り添っている
- □気づかなかった気持ちや伝えにくかった思いなどを拾い集め、自然な橋渡しをしている

非言語面5

- □叩くなど、かかわろうとしてかけ違ったボタンをかけ直す手伝いをしている
- □「けんかはダメ」などと決めつけずに、「気持ちを出してけんかして仲直りして仲良くなる」というプロセスの価値を全身で伝えている
- □「いじめは絶対に許さない」と一方的に言うのではなく、「助ける」「励ます」「ほめる」「許す」をもって動いている
- □「ごめんね」「わかった」などを無理やり言わせず、一呼吸して言動の振り返りができるようにしている
- □「謝る」「いやがる」「先生に言う」などのことは恥ずかしくないと伝えている

かみつき・うそ
の場面を考えてみよう

事例 2歳の頃のAさんがブロックで遊んでいたBくんの腕をかんでしまい、Bくんの腕には歯形がくっきりと残り内出血しました。X先生は「かんだらダメなのわかるよね」と言って、Bくんの腕を冷やしました。このようにかみつく行為がよくみられました。Aさんは4歳になった今も、朝夕はかみつきが止まらず、言葉よりも口や手が先に出て、何かあるとかんだりひっかいたりします。同じクラスのBくんは、「Aにかまれた」と言いつけに来ますが、どこにもかまれたような跡はありません。Bくんは「外にオバケがいる」と園庭を指差してみんなを騒がせるのですが、いつ探してもどこにもオバケがいたことはありません。「うそはなしだよ」とY先生に言われると、「うそじゃない！」と大きな声で主張します。X先生は「うそをついたら舌をとっちゃうからね」と言って、ほかの子と一緒に「アッカンベー」をしました。

「かみつき・うその場面」では、どんな権利を大切にするの？

こどもの欲求は、大人の要求と異なることがあります。ときにかみついたり、ひっかいたり、うそをついたり、ものをとったり、大事なものを傷つけたり壊したりします。こどもには「心や身体の傷を回復し復帰する権利」（こどもの権利条約第39条）があります。問題行動の対象者（被害者）と行為者（加害者）の心や身体をいたわり、欲求を満たすための要求がしやすくなるようにはたらきかけることが大切です。「悪いことは悪い」と指導するだけでは、その子の行為は止むことはありません。「かむ」ことは生き物として自然な行動ですし、「うそをつく」ことは意思や願いの兆候でもあります。それらを威圧したり矯正しようとしても、欲求が満たされず混乱してしまい、こどもは欲求をコントロールできません。かみつくなどの「一次行動」は落ち着いて身体で受け止め、「二次行動」の暴発を未然に防ぐようにしましょう。同時に、心の奥にある「一次感情」に丁寧な心で寄り添い、「二次感情」の暴発を最小限にしましょう。こどもの問題行動にはきっかけがあるので、パターンなど、「その子の法則」を発見しましょう。

✔ かみつき・うその場面の「こどもの権利」自己評価チェックリスト10

言語面5

- □「ごめんね」「ありがとう」などと声をかけ、「謝る・感謝する」を自ら実践してお手本となっている
- □「先生はうれしかった」「先生も楽しかった」などとアイメッセージを添えて、ほめるようにしている
- □「○○しよう」「一緒に考えよう」などと提案を添えて、叱るようにしている
- □「大丈夫」「見守っているよ」などと、こどもの行動の揺れ動きや発達過程を信頼して、信じて見守るようにしている
- □「ご飯のあと○○で遊べる」（報告）、「○○がよかった」（連絡）、「どうかな？」（相談）などと、「逆ホウレンソウ」をしている

非言語面5

- □とっさに引きはがすだけでなく、行為者や対象者を驚かせずに、努めて冷静に「一次行動」を身体で受け止めている
- □焦りや不安をぶつけるのではなく、喜怒哀楽の欲求や気持ちの根っこにある「一次感情」に心で寄り添っている
- □こどもに語りかけたり、指差しの訴えに応答したり、自問自答したり分析しながら、本当の理由（真因）を探そうとしている
- □みんなと同じようにやさしくしたり、一緒にいるなど、一番に訴えたいこと（主訴）を中心に置いて応えている
- □保育者だけでなくこどもからの要求も表現できるように、間をとっている

行為・行動区分

かんしゃく・多動の場面を考えてみよう

事例 ５歳児クラスの紙芝居の時間です。「みんな、始まるよー」とＸ先生が声をかけています。20人の子が前を陣取ろうと駆け寄ってきて座りました。その他の５人の子は聞こえていないのか、壁を向いて座っていたり、フラフラしていたり、おもちゃで遊んでいます。「みんな、集まって」とＸ先生は手を叩いて呼びかけました。「先生、早くしてよ」と集まったこどもたちから声が聞こえ出し、「そこに座りなさい！」とＡくんを注意したところ、Ａくんはかんしゃくを起こして仰向けで足をジタバタさせて大声で泣き出しました。Ｂさんは「だまれ！」と連呼して、耳を塞いでいます。Ｃくんは部屋を飛び出していきました。Ｘ先生は「困った子たちね」と深いため息をつき、「今日の紙芝居は中止です」と言うと、「え〜！」と言うこどもたちの声が響きわたります。

「かんしゃく・多動の場面」では、どんな権利を大切にするの？

じっとしているより、動いているほうが楽な子がいます。にぎやかに遊ぶより、静かに一人で遊ぶほうが心地よい子がいます。みんなと近くにいるより、距離があったほうが落ち着く子もいます。視覚や聴覚や嗅覚や味覚や触覚など、五感がとても繊細で敏感な子もいます（いわゆる、ハイリーセンシティブチャイルド：HSC）。こどもによって特性は異なりますが、最も困っているのは保育者やほかの子ではなく、こども本人です。こどもには「難民となったら助けてもらう権利」（こどもの権利条約第22条）があります。レッテルを貼ったりせず、「いい子」などと許してあげることが必要です。そして、集団に「ダンピング」（放り込み）せず、必要な環境を整えたり手を差し伸べることが必要です（合理的配慮）。「みんな一緒」の活動は、①集団からバラバラに「排除」せず、②集団から「分離」して１つに集めず、③集団のなかで「統合」して１つに集めず、④集団の中で「包含」して溶け込めるようにします（インクルージョン保育）。それは、砂の中に砂鉄や砂金を混ぜ込ませるイメージで、「面白いな」「変わってていいな」などと、こどもたちに多様な心持ちが育ちます（心理的多様性）。

✔ かんしゃく・多動の場面の「こどもの権利」自己評価チェックリスト10

言語面5

- □「静かに！」などと、大きな声などで聴覚を刺激せず、そっと話しかけている
- □「ここにいますよ」などと、視覚を刺激せず、ゆっくり話しかけている
- □「こっち！」「並んで！」などと、強い言動で聴覚を刺激せず、短くわかりやすい言葉で「どうぞ」などと手を差し伸べて、自ら動けるように話しかけている
- □ため息などで心の感覚を刺激せず、安心するように温かく話しかけている
- □「集まって」などと、不必要に密集させて身体の感覚を刺激せず、その子のパーソナルスペースを大切にしている

非言語面5

- □こどもの前に立ちふさがって願いを押し付けず、その子の気持ちから本当の願いを引き出すよう応援している
- □こどもを「目つき」で制するのではなく、その子と同じ方向を一緒に向けるように、横から寄り添う「まなざし」でその場を制している
- □無理に集中させようとせず、力を抜いて参加できるように、斜めから適当なスペースをとって手を差し伸べている
- □こどもたちの中に入って、気持ちや思いをともにし、相談役やつなぎ役、交通整理などの役割を、こどもの発達過程に応じて担っている
- □「困った子」などとレッテルを貼らず、その子の気持ちが楽になる「ラベル」を選んで貼り替えて（ラベリング）、本来の姿や可能性を引き出している

行事
区分

運動会・防災訓練
の場面を考えてみよう

事例　9月1日は防災訓練です。「ほらそこ、頭出てる」と机の下からはみ出た頭を小突かれるAくん。「早く」「急いで」などと後ろからX先生に迫られて転んでしまい、避難の途中で座り込んで泣き出してしまったBさん。「しゃべらない！」とあちこちで声が飛び、みんな黙々と従っています。

翌日からは、10月の運動会に向けた練習が始まりました。リレー、組体操、玉入れなど、過去の保護者アンケートを見ながら先生たちは張り切っています。入場門や旗づくりなどの製作にも余念がありません。BGMが流れ出し、マイクの確認をしたり、笛が鳴り響きます。笛の合図に戸惑い固まったままのCくん。白線のラインをよろよろと蛇行しながら走るDさん。「疲れた」「つまんない」と、あちこちから声が聞こえています。

「運動会・防災訓練の場面」では、どんな権利を大切にするの？

練習は先生に従うものではなく、こどもたちがしたいと思うことが大切です。訓練は、煽られて明け暮れるものではなく、大切なことを自然に学ぶものです。こどもには「能力を最大限にのばしてもらう権利」（こどもの権利条約第29条）があります。そして、「意見を表明し参加する権利」（同第12条）があります。どんな音響や音声よりも、こどもから「一緒にやろうよ」「こうしたらどうかな」など、音や声が出ていることが必要です。単にやらされる「参加」ではなく、あれこれと考えて企画して「参画」をします。スモールステップで達成感や爽快感を味わいながら、先生たちとこどもたちが立てた「はしご」（目安）を一歩ずつこどもたちと登っていきましょう（ロジャー・ハート）。あらゆる「時」に、あらゆる「場所」で自ら行動をするには、ふだんから「大丈夫だよ」などと落ち着いてどうしたらよいか考える状態が大切です（心理的安全性）。「わかる」「できる」「楽しい」の３拍子そろった練習や訓練を、こどもたちと一緒に考えましょう。

✔ 運動会・防災訓練の場面の「こどもの権利」自己評価チェックリスト10

言語面 5

- □「やりなさい！」などと指示命令ばかりでなく、「やろう」「やりたい」という声や音が聴こえるように、出番や役割を一緒に考えてつくっている
- □「もっともっと」などと求めたりせず、「よし」「やってみたい」「がんばってみよう」と思えるスモールステップを用意している
- □「がんばれ」などと一方向に声かけするのではなく、「何をしたいか」「みんなでどうしたいか」などを楽しみながら一緒に考えている
- □「みんななら大丈夫だよ」などと目標に向かって集中したり、遊びの延長線から夢中になりやすいように、一息つける心理的安全性を意識している
- □「A、B、C、何からしよう？」などと情報提供し合って選択肢を増やし、「自己選択」による意見表明を手助けし、思いを尊重する声かけをしている

非言語面 5

- □お祭りやイベントのあとで燃え尽きず、「またしたい」「今度はこうする」などと、前後の広がりや深まりが感じられる雰囲気としている
- □形だけの参加ではなく、挑戦や葛藤をともにし、集団への参画を応援している
- □音響などの機械や手づくりの大道具・小道具などに頼りきらず、「いいぞ」「すごい」などの声援や姿勢が自然と広がることに手をかけている
- □こどものコンディションにも柔軟に対応できるように、予定の変更や見学場所など、一息つける身体的安全性を確保している
- □保護者の目を気にしすぎずに、見どころを事前に伝え、アンケートなどもこどもの声や育ちを中心に聞いている

行事区分

誕生日会・父母の日の場面を考えてみよう

事例 毎月15日前後は、園のホールで異年齢の誕生日会が開催されます。当月に誕生日がある子がお祝いされます。壇上に上がることをいやがるAさん、「今日は誕生日じゃない」と言うBくん、「おうちでやったよ」と不思議がるCさん、「誕生日がまだ来ないよ」と嘆く早生まれのDくん、「先生は誕生日ないの？」と質問するEくんがいます。

一方で、今月当番のX先生は、季節の出し物と手づくりのプレゼントを持ち、園長のお祝いの言葉が終わり、出番が来るのを待っています。Y先生は「写真のときは笑おうね」「ケーキ食べたいよね」と、こどもたちの耳元でささやきながら回ります。Z先生は「ママの日やパパの日もおめでとうしたよね」と、動き出した子を抱え込んで連れ戻しています。「ローソク、フーしないの、お誕生日じゃない」とFさんが言い、場が一瞬にして静まりました。

「誕生日会・父母の日の場面」では、どんな権利を大切にするの？

「お誕生日」などのお祝いの主役は誰でしょうか。その主役が輝きを放ち、心からうれしい気分になるには、どうしたらよいでしょうか。みんな一緒に「○○会」を開催して、「○○の催しもの」「○○のプレゼント」をすることばかりが、最善の方法ではありません。こどもには「生まれたら名前をもらう権利」（こどもの権利条約第７条）があります。そして、「その子にとっての一番よいことを考えてもらう権利」（同第３条）があります。こどもが最も心地よく、その子の保護者が大切にしている名前を呼ぶなどしましょう。「おめでとう」と、その子の誕生日に言葉で伝え、温かい笑顔や穏やかな雰囲気を添えましょう。それらの心の栄養素となる一挙手一投足が「ストローク」です。「ストローク」が届けば、こどもは笑顔にもなります。「ストローク」が貯まれば、やさしくもなります。なお、「父の日」「母の日」「こどもの日」など、本来は大切な人や時が今、同じ状況かはわかりません。身近に感じにくいなど、「自分とみんなは違う」とこどもが感じてしまわないよう、多様な事情や心模様が各々あることにも配慮しましょう。

誕生日会・父母の日の場面の「こどもの権利」自己評価チェックリスト10

言語面5

- □「ありがとう」などと、毎日どこかで、ありのままですてき、すばらしいと、無条件の言語ストロークを贈っている
- □「おめでとう」などと、特別におめでたい日には、何より特別な無条件の言語ストロークを個別に贈っている
- □「大好き」などと、ずっと心に残る無条件の言語ストロークを贈っている
- □「○○さんも絶対にうれしい」などと、無条件の言語ストロークを贈っている
- □「みんなと一緒にお祝いできたね」などと、何かの条件がクリアになったら認める条件付きの言語ストロークを贈っている

非言語面5

- □「今日は楽しかった」とこども自身が思えるように、拍手や温かく触れるなど無条件の非言語ストロークを贈っている
- □「大切にされている」とこども自身が思えるように、うなずきやあいづちを入れたり、ハグやエアーハグをするなど無条件の非言語ストロークを贈っている
- □温かいまなざしややさしい笑顔など無条件の非言語ストロークを贈っている
- □キラキラした特別な瞬間が見られるように、一緒に楽しんでいる様子やいきいきした態度など無条件の非言語ストロークを贈っている
- □「がんばったら」「できたら」など、「たられば」がクリアになったら表情や仕草などで条件付きの非言語ストロークを贈っている

行事区分

発表会・クリスマス会
の場面を考えてみよう

事例 12月の発表会に向けた職員会議。「毎年代わり映えしないね」と園長がつぶやき、「今年はどうしますか？」と主任が尋ねます。先生たちが思い思いに意見を出した結果、「大好きの会」として、得意なことや好きなことを発表することになりました。

３歳児クラスのＸ先生は、「大好きな家族に見てもらいたいね」「大好きなこと、何かな？」と声をかけました。「おだんご」とＡくん、「ゆーちゅーぶ」とＢくん、「キラララちゃん」とＣさんなど、みんな自分の好きなことを言います。Ｘ先生は考えて、「みんなの好きな桃太郎の劇をやろう」と決めました。ねこやうさぎなど、さる、きじ、いぬ以外の動物も登場しますが、さる役が決まりません。「おさる、できるよね」「おさるの絵本、好きだったよね」と、Ｃさんにしてもらうことになりました。Ｃさんは「いやだ」と首を振りましたが、「お母さん見に来るよ」「いい子にしたら、サンタさんが来るから」と言います。

「発表会・クリスマス会の場面」では、どんな権利を大切にするの？

毎日の遊びには、「好き」「得意」「驚き」「感動」「楽しい」が必ずあります。それを伝え合って、一緒に「うれしい」と喜び合うのが発表会や○○会です。○○式も同じです。たとえば、入園式や卒園式や進級式などです。その日限りの準備で、セレモニー（儀式）にすることもできます。その際、こどもの「願い」を保育者の「ねらい」より過小にしてはいけません。こどもには「自由に表現する権利」（こどもの権利条約第13条）があります。たくさんの選択肢や可能性を知り、自由な方法でいろいろな思いを伝えることができます。また、「思いや気持ちを否定されない権利」（同第14条）もあります。受け入れずとも受け止めて、その心持ちの彩りや揺らぎに寄り添う必要があります。そこにこそスポットライトを当てます。行事やカレンダーがないと、指導案やカリキュラムが成り立たないのはもったいないことです。○○会や○○式は、節目節目での潤いとなり、育ちへのリズムや弾みとなり、憧れや夢へと続きます。「誰一人取り残さない」から生まれるこどもならではのハーモニー（調和）を、一緒に味わうようにしましょう。

✔ 発表会・クリスマス会の場面の「こどもの権利」自己評価チェックリスト10

言語面 5

- □「まとまりがない」などと嘆かず、思い思いの表現を受け止めて楽しんでいる
- □「小学生になれない」などと否定せず、今この瞬間の輝きをわかち合っている
- □「形にならないのは私のせい？」などと悩んであれこれ言葉や刺激を与えるのではなく、世界で一つだけの未完の作品の仕上がりを手助けしている
- □「○○ならやりたい」などの小さな願いを、「フット・イン・ザ・ドア」（心のドアに足をかける）で、「みんなとやりたい」などと大きな願いにしている
- □「○○をしよう」などの大きなねらいを、「ドア・イン・ザ・フェイス」（心のドアに顔から入る）で、「○○どう？」などと小さなねらいから伝えている

非言語面 5

- □「しくしく」「ムカムカ」などではなく、「ドキドキ」「ワクワク」「ジワジワ」が見えたり聞こえたりするかどうか、目や耳の意識を使っている
- □「大切な○○にうれしいと思ってもらうことがうれしい」などと、こどもの願いを全身で受け止めている
- □「ドンドン」「パチパチ」など足踏みや手拍子でものびのび参加できるように、日頃の遊びと行事とのつながりを考えながら四季や文化を味わっている
- □こどもをエキストラにせず、表舞台だけでなく、いろいろな形や場所での「主演」「助演」などを一緒に考えている
- □「特別な○○になったね」などと、やわらかい発想やアイデアがみんなとの特別感や一体感になったと感じられるように、さりげなく裏方で手をかけている

こどもとけんりのおはなし❸
トム・ソーヤー

『トム・ソーヤーの冒険』は、こども期のワクワクとドキドキにあふれています。アメリカの作家、マーク・トウェインは、前書きでかつて少年少女だった大人にも読んでもらいたいと述べています。遊び心やアニマルスピリッツ（本能的意欲）は、心をウキウキ軽くします。大人である保育者として、ワクワクする方法を見つけられそうですか。

トムは先生のいうことをまともに聞きません。いたずらが大好きで、さぼることに熱心です。たとえば、「ペンキ塗り」のエピソードです。トムはいたずらの罰として、長い壁のペンキ塗りを命じられます。トムは「楽しい、楽しい」と、楽しげにペンキ塗りをします。１人、２人と友だちが興味を示します。「ビー玉あげるから」と言われ、「１メートルだけだよ」と交代してあげます。もともと罰だったはずのペンキ塗りでしたが、みんなが満足して楽しく終わりました。友だちのハックは「まるっきり嘘をつかない人間なんていない」と問題にしません。

トムのような子は、問題児とされやすいかもしれません。大人にはわからないような名もない遊びや冒険をしたり、なにげない時間や秘密基地を作って遊ぶ環境は減っているでしょう。保育者はやさしく「こどもを見守る人」となり、保護者・養育者、地域社会を構成する人たちとも、ワクワクを体験させたいものです。すべての人が育ちを認め合う社会は、多様な輝きが生まれ、生きやすくなります。トムのように元気いっぱいアイデアいっぱいに挑戦し、隠れた財宝を発見する子が出るのも楽しみです。保育者はこどもたちとともに学び、楽しくたくましく生きましょう。

第4章

保育者が身につけたいこどもの権利を大切にするスキル

こどもの権利を知ると、こどもの権利を大切にしたくなります。そのとき、大切にするためのお気に入りのアイテム（武器）があると便利です。使っていくうちにスキルになります。トライ＆エラーをしながら、磨き込んでいきましょう。気がついたら無意識にできるようになっています。

保育者が身につけたいスキル①

同意と合意

相談

食事中、苦手な食べ物を食べないこどもに対して、苦手な食べ物を先に食べさせようとしたり、こどもの気をそらせながら口に入れたことがあります。この対応はよかったのでしょうか？　過去には、偏食指導で「これだけ食べて！」と強く促すこともありました。その際、嘔吐反射や泣き叫んで抵抗する様子がみられましたが、どのように対応すればよかったでしょうか？

回答

まず、嘔吐したり泣き叫んでいてもいなくても、こどもへの無理強いは絶対してはいけません。嘔吐反射等の過敏性があるこどもなど、重大事故にもつながりかねません。食事が苦痛なものになってしまい、場合によってはトラウマ（心の傷、心的外傷）となり、こどもの成長に影響が出ます。完食主義や偏食指導で保育指針にある食への意欲や喜びが育つでしょうか。食育指針にある楽しく食べるこどもに成長するでしょうか。大人以上に、その日その時の体調や気分の変化もあります。食事を義務ではなく楽しいものと思ってもらえるように、みんなで楽しい雰囲気で食べたくなるような環境づくりが必要です。

具体的には、「○○を先に食べて」でなく、「どれが好き？」といった肯定的な促し方や、食材に触れるなど楽しい雰囲気づくりが大切です。自分だったらどうか、保護者が見たらどう思うかを考えながら支援する必要もあります。第三者の目も大切にして、第三者視点で「客観視」しながら、いつでも説明ができることです。なお、嫌いなものから好きなものの順で、大人のように食べ分けられるようになる目安は５歳頃からです。発達過程を考慮した促し方も大切です。

保育者のスキル「同意と合意」

保育者は「同意と合意」のスキルを身につけましょう。「同意」とは、「100%、それはいい！」とこどもが自らうなずくことです。いわば、こどもの心持ちのなかのど真ん中のストライクゾーンです。「合意」とは、「100%ではないけれど、いいかもしれない」とこどもが保育者と意見を合わせることです。いわば、こどもの心持ちのなかの意見や意欲を損なわない範囲のストライクゾーンです。オウム返しなどでひとまず共感しながら、応答的に探します。

たとえば、食べてもらいたい食べ物を少しずつ促すとき、「おいしいからひと口だけ食べてみよう」と説明し、こどもがうなずいて食べたのなら、同意があったとみなします。ここで「おいしかったね」「食べられたね」などとひと口食べた事実を認めて（ほめて）、終了します。注意点は、同意は保育者との「約束」「信頼」のうえに成り立っているので、「もうひと口」と、さらに追加を求めないことです。また、同じように「ひと口だけ」と説明して、首を横に振られたら、それはストライクゾーンではありません。「一緒に食べてみる？」などと、無理のない範囲でこどものストライクゾーンを探したり、広げるお手伝いをします。それでも「いや」などの意思表示があった際は、意思表示できたことに感謝・共感し、「うまく説明できませんが、今はまだいやです」などといったこどもの意見を尊重しましょう。

同意と合意

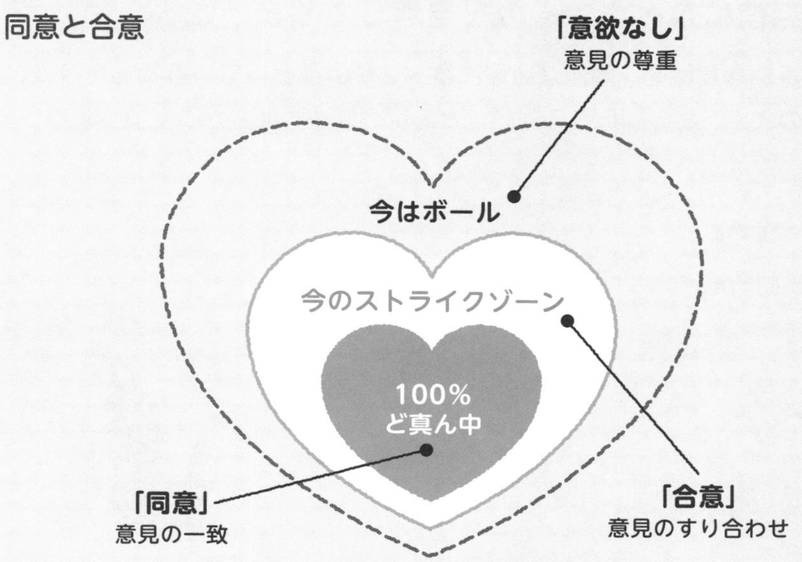

100％ど真ん中のストレートに対して気持ちよく反応できる同意は、自信をもって取り組むことができます。表情や目の色が明るくなり、次の意欲にもつながります。100％でなくても意見交換して合意できたなら、納得して取り組むことができます。

ワーク もしも私ならどう応答するか

「同意と合意」を用いて考えよう。

事例❶ 「早く食べさせようとせかした」

食べるのが遅いこどもに早く食べるように急がせてしまいました。つい口のまわりを口をふさいで拭いてしまいます。行事によっては時間に間に合わず、ゆっくり食べるのが難しいことがあります。どう対応すればよいでしょうか？

私の回答

同意の面では、

合意の面では、

事例❷ 「最後まで食べることを優先した」

給食を残さず食べてほしい保育者の思いを優先して、最後まで給食を食べさせてしまったことがあります。このような対応はよかったのでしょうか？

私の回答

同意の面では、

合意の面では、

事例❸ 「無理に食べさせるのを目撃してしまった」

こどもの嫌いな食材を、同僚が無理に食べさせようとしている状況を目にしました。そのとき、この同僚への対応はどのようにすればよかったでしょうか？

私の回答

同意の面では、

合意の面では、

解説

事例❶

同意の面では、

行事があり時間までに食べる理由をゆっくりと伝えましょう。「一緒に○○を楽しみたいんだ」などと肯定的な見通しも伝えます。「うん」などとサインが見られたら感謝し、それ以上に追い立てることは禁物です。

合意の面では、

「早く」「がんばって」などと一方的に伝えても、こどもの意見と合わず、合意は得られません。「もぐもぐって食べてみようか？」などと問いかけ、一緒に楽しみながら食べましょう。「もぐもぐ」と進めばほめます。

事例❷

同意の面では、

こどもが保育者の思いに応え、こどもの意思で食べようと思って食べた場合は、「先生はうれしかった」などとアイメッセージを添え、「チャレンジしていろんなものを食べたね」などと、事実を100%ほめます。

合意の面では、

「食べたいものが増えるといいと思っている」などと丁寧に伝えて、「○○くんはどうかな？」などとこどもの意見を確認しながら、提案をした保育者が最後まで一緒にこどもに付き合っていく姿勢が大切です。

事例❸

同意の面では、

無理に食べさせようとするのはボールです。いやがっているのに口に入れるのはデッドボールです。そこに意欲がないからです。すぐにプレイを中断します。「もうお腹いっぱい？」「ごちそうさまにしましょうね」などと100%同意できる助け舟を出します。

合意の面では、

さっと間に入り「食べたいのどれかな？」「少し食べられそう？」などと声をかけ、三者でその子の今のストライクゾーンを確認します。「もう食べたくない」などというこどもの気持ちを真ん中に、合意をとります。

ヘルプとサポート

相談

かみつきが多い子がほかの子とトラブルになります。かみつこうとしていて「危ない！」と思ったときは、とっさに「かんだらダメ！」と叫んで、手や肩などを引っ張って引き離しています。何度言ってもわからないときは、「かんだらダメって言ったよね！」などと、強い口調で声を荒げてしまいます。やさしく接したいと思っているのですが、状況によっては強い言動も許されるのでしょうか？

回答

仲裁するということは、湧き出た感情をそのままぶつけることではありません。とっさに間に入ることもあるので、大声が出ることもあります。ただし、暴言・暴力など武力を行使してはいけません。裁判官となって、両者をよく観て、両者の言い分をよく聴くことです。同時に弁護士となって両者の味方をしましょう。こどもたちは、何か言いたくても、大人が用いる言葉などでは表現できないのです。大人の正義や正論で「ダメなことはダメ」と追い込むと、なぜかわからず混乱してしまい、エスカレートしたり再発したりします。「びっくりさせた」「言い過ぎた」「間違った」と思ったら、すぐに謝りましょう。お互いに許し合える落としどころを目指します。まずは、落ち着いて「事情聴取」を共感的にします。「どうしたの？」などと理由を聞いて、「〜したかったんだね」と思いを代弁します。しぐさやジェスチャーも交えて視覚的にわかるように再現する「現場検証」を応答的に行いましょう。「状況証拠」で問い詰めたりせず、かむ以外の解決方法を、一緒になって繰り返し何度でも考えましょう。

保育者のスキル「ヘルプとサポート」

保育者は、「ヘルプとサポート」のスキルを身につけましょう。「ヘルプ」は、こどものありのままを受容し共感することです。助けてほしいときに助け、甘えたいときには甘えさせます。気持ちを丸ごと心身で受け止めて包むようにします。「助けて」「甘えたい」という訴えに、無条件に「わかったよ」と肯定的に反応するイメージです。たとえば、「かんじゃったね」「痛かったね」などと、心の中の痛みをぎゅっと抱きしめて助けようとします。

「サポート」とは、一人では難しいことを「代弁と代行、ときに代理」をすることです。「手伝って」という声や声なき声に、手を貸しましょう。「代弁」は口からの「外言」ばかりでなく、本当の思いである「内言」を言い当てます。たとえば、「いやだ」という外言に対して、「一緒に遊びたかったね」などが内言です。「代行」は、たとえば、けがをしないように環境を整えたりします。「代理」は、本人の委任を受けて意思表示を行うことです。たとえば、「ごめんね」などと橋渡しをします。まずは、「甘えたい」「抱っこしてほしい」「わかってもらいたい」など、年齢などにかかわらず「〜したい」という気持ちに対して「ヘルプ」していきます。すると、「自分でする」「ほかの子とする」など「○○しよう」という意欲に対して、さりげなく「サポート」する割合が増えていきます。

ヘルプとサポート

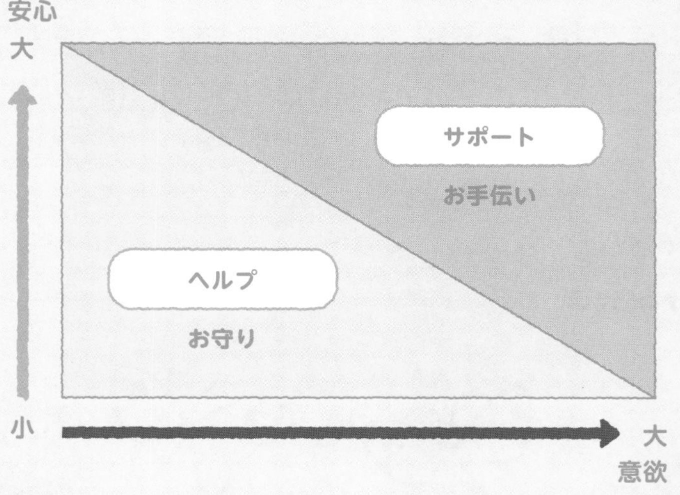

こどもの意欲が小さいときは、安心だとわかるようにお守りし、気持ちの面を丸ごとヘルプします。こどもの意欲が大きく、その子なりの挑戦を始めたら、お手伝いする割合を増やしてサポートします。安心すると意欲が湧き、挑戦の後は安心も必要です。

ワーク もしも私ならどう応答するか

「ヘルプとサポート」を用いて考えよう。

事例❶ 「かみつく子を押さえ付けてしまった」

かみつきをした子に「何でしたの？」や「何がいやだったの？」と聞き取りをしようとしたら、座り込んで泣いて手足を激しくバタバタさせるので、上から押さえ付けてしまいました。どのように対応すればよかったのでしょうか？

私の回答

ヘルプの面では、

サポートの面では、

事例❷ 「柵をよじ登る子をあわてて引きはがした」

園庭の柵をよじ登って外に出ようとしている子に、「危ない！」「脱走しないで！」と大声を出し、あわててその子の服を引っ張り、柵から引きはがしたのですが、足を蹴られて逃げられました。どうすればよかったのでしょうか？

私の回答

ヘルプの面では、

サポートの面では、

事例❸ 「赤ちゃん返りを拒否しているのを目撃してしまった」

５歳の子が「抱っこ抱っこ！」「抱っこだよー！」と泣いているのを、同僚が「もう赤ちゃんじゃない！」「赤ちゃん組に行きたいの？」と厳しく詰問している状況を見て、見て見ぬふりをしました。どうすればよかったのでしょうか？

私の回答

ヘルプの面では、

サポートの面では、

解説

事例①

ヘルプの面では、

かまれてしまった子だけでなく、かんでしまった子の痛みに触れるように、その子が落ち着きやすいところをそっと触れるタッチングをしましょう。「先生、ここにいるよ」などと、やさしい言葉を添えます。

サポートの面では、

その子の「サポーター」としてとことん応援やフォローをします。「泣きたいね」「いやだったね」などと代弁をします。「思いきり泣いたら、涙をふこう」など、代行できることを探します。

事例②

ヘルプの面では、

「今行くからね」などと肯定的な声かけをし、近くに行ってけがをしないように受け止めます。驚かせたりあわてさせるとかえって危ないので、「自分軸」ではなく「相手軸」（こども軸）で助けるようにしましょう。

サポートの面では、

その子の「主訴」（一番訴えたいこと）をつかむサポートが大切です。危険が伴う場面は、その子に代わって静止するサポートも必要ですが、その子と同等以下の力で行い、その子以上の強い力は使いません。

事例③

ヘルプの面では、

「抱っこね」「抱っこなんだね」などと、できるだけそのまま受け入れます。だめな場合は「ぎゅっとハグをする」など代案を一緒になって探しましょう。年齢や発達の程度などの尺度を用いません。「助けてほしいことある？」などとお守りし、「心の栄養素」を届けようとすることが大切です。

サポートの面では、

気持ちがあふれて切り替えにくい場面では、「お手伝いさせて」などと、その場から離れて一息つけるように代行してあげたり、冷静に温かく「今は抱っこがいいのね」などと意思表示を手伝いましょう（代理）。

保育者が身につけたいスキル③

意見表明権

相談

午睡の時間が憂うつです。寝つきの悪い子には「トントン」がどんどん「パンパン」と強くなって、はっと我に返ります。おしゃべりする子やふざける子には、「静かにしようね」と肩を押したりしてしまいます。おんぶをすると寝る子は、いやがってもおんぶをします。起き上がろうとする子は、「そこで寝てて」と注意します。静かになっても「トイレに行きたい」と起きようとする子が出てくるので、「もうちょっとだから」「さっき行ったばかりでしょ」などと目で制しています。主任からは「寝かしつけは腕の見せどころ」と言われ、保護者からは「ぐずらず寝られたんですね」と安心され、モヤモヤします。

回答

午睡の時間は寝ないとダメでしょうか。心身が休まるよう休息する手段はほかにないでしょうか。こどもが「眠たくない」と言うのも、保育者が「寝て休んでほしい」と言うのも、どちらも意見です。問題は権力者一択の意見になることで、それはたいてい「先生の意見」です。つまり、大人の都合です。どんな保育施設でも「こどもの最善の利益」が最優先される以上、「こどもの意見」が反映されず、大人の一方的なルールばかりで強制的であると、まるで収容所のような環境になってしまいます。保育者は、保育者の「意見」で思い込まず、こどもの「意見」を代弁します。こどもも自分で選んで決めたことはがんばろうとします。温かくはたらきかけてこどもの思いや願い（views）をよく観てよく汲み取り、選択の「余地」や「幅」のある環境を整えて、応答的に対応することが大切です。

保育者のスキル「意見表明権」

保育者は、「意見表明権」を行使させるスキルを身につけましょう。前提として、いろいろな思い（views）が出てきやすいひとまず共感する雰囲気づくりは、環境設定として大切です。①まずは、忘れがちな「情報提供」です。Ａプラン、Ｂプラン、Ｃプランと実現可能な選択肢を用意して伝えます。お互いに慣れないうちは、「トントンする」「スリスリする」などと、選びやすい２つでよいです。②次に、「自己選択」です。「どれがいい？」「どれが好き？」とこどもにバトンを渡し、選択できるようにします。選べることで、選ぶ意欲が生まれます。「いい」「いやだ」という意見が出ます。「もう起きていたい」などと、ほかの選択肢はないものかと意見が出てきます。「気分転換してみようか？」「先生のそばで起きてる？」などと、可能な範囲で選択肢がないか考えて広げましょう。③そして、目の前に示されたメニューから「自己決定」ができると、自分で決めたことだからできる限りがんばります。④最後に「どうだった？」「どうしたい？」などと心を開いて「意思表示」できるようにします。これら４段階がセットになって、「意見表明権」の１つのカタチです。選択肢のない沈黙の環境から、「せんせい！」などと闊達な意見が出てくる環境へ転換し、応答的に対応しましょう。

意見表明権

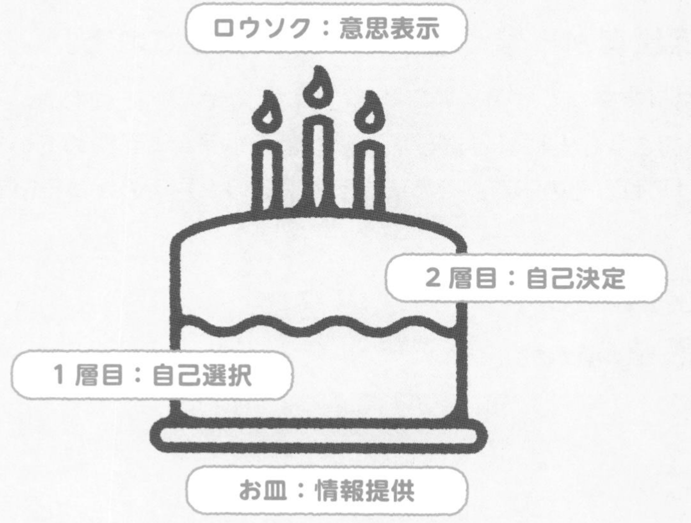

温かい雰囲気でその子の思いをよく観て応答します（前提条件）。その子にとって望ましい大きさや質感のお皿を用意します（情報提供）。その子はお皿に合ったケーキをチョイスし（自己選択）、彩りを添えて盛り付けていきます（自己決定）。ゆらゆら思いが出てロウソクに火が灯ります（意思表示）。満面の笑みで完成です。

ワーク もしも私ならどう応答するか

「意見表明権」を用いて考えよう。

事例❶ 「同僚が「お休みのハグ」を強行する」

「お休みのハグ」をしたがる同僚がいます。こどもはうれしそうですが、逃げたり、されるがままだったりする子もいます。同僚に注意はするものの、「何でいけないの？」と聞かれると悩んでしまいます。

私の回答

自己選択の面では、

意思表示の面では、

事例❷ 「寝ている子を大音量の音楽で起こす」

寝起きが悪い子が何人かいて、肩をポンポンしてもなかなか起きません。それで起きる時間に、目覚まし時計代わりにと音楽をかけるようになり、だんだんと大音量になっています。これでよいのでしょうか？

私の回答

自己選択の面では、

意思表示の面では、

事例❸ 「保護者から早く起こすように依頼される」

保護者から「夜寝なくて困る。早く起こしてください」と言われ、その子だけ30分早く起こすことになりました。寝る場所も保育者が決めています。お布団を片づけられ、その子が眠そうに立っているのを見るのがつらいです。

私の回答

自己選択の面では、

意思表示の面では、

解説

事例①

自己選択の面では、

「背中をなでる」など、ほかの選択肢はないでしょうか。特定の子へのわいせつ行為や差別的な行為にもなりかねません。こどもにも保護者にも情報提供でき、こどもが自己選択できる行為か再考しましょう。

意思表示の面では、

落ち着かない様子だったり、いやがる素振りを見せるなど、言葉だけではない意思表示をよく観察して応答しましょう。保育者がする望ましくない行為は、こどもにすべてサンプリングされて学習されます（誤学習）。

事例②

自己選択の面では、

「おひるねがいや」で不登園を選択した子がいます。そもそも「消灯！」「起床！」とならないよう時間を固定せず、午睡時間を多少前後させる、ゆっくり抱っこして背中をさするなど、選択肢を増やして広げましょう。

意思表示の面では、

「起きる」という自己決定がないまま、機械的に起こされることが続くと、自動反射による「無意思の表示」になります。どんどんと受動的な意思表示になり、次の活動への切り替えも難しいものとなります。

事例③

自己選択の面では、

こどもが選択できるように「みんなと寝ていたい？」「早めに起きて先生といる？」などと情報提供しましょう。保護者にも、日中の様子、午睡の意味、発達過程など情報提供をし、選択肢を一緒に探しましょう。

意思表示の面では、

温かく応答的なやりとりのなかで、情報提供、自己選択、自己決定のプロセスがないと、意思表示は「早く起こされる」という出来事に対する限定的な表出になります。意見表明権を発揮させるために、「日中の過ごし方や夜の寝かしつけを考える」など可能性を探り、選択肢を広げましょう。

保育者が身につけたいスキル④

ディスカウントとストローク

相談

春から３歳児クラスの副担任をしています。こどもたちはみんな、おむつで過ごしています。家庭でトイレを使える子もいるので、主担任の職員に理由を聞くと、「時間おきにトイレに促すといやがる」「トイトレ（トイレトレーニング）は失敗する子がかわいそう」「保護者もわかっている」などということでした。園長に聞いても、「クラスのことは主担任にまかせている」と言われました。トイレは「くしゃい」「くらくてこわい」などと、こどもからも不人気です。おもちゃを投げて遊ぶ子に対して、「次に投げたらトイレだよ」「お化けに会いたいの？」と言うこともありました。おかしいと思うのですが、集団生活だと仕方ない面もあるのでしょうか。

回答

トイレは、きれいでさわやかな場所となっていますか。こどもが「行きたい！」と思えるようなはたらきかけや仕掛けはありますか。「うんち」「おしっこ」は気持ちのよいことです。我慢したり恥ずかしく感じさせたりするなど、不必要に不快な感覚を覚えさせるのは、排泄の自立を妨げてしまいます。「トイレに行けるのにおむつをはかせる」「おむつ外しにチャレンジすることがない」などというのは、本来のその子の能力や機会を奪ってしまう行為です。発達過程や体調などで個々にタイミングは異なります。「行きたいときに行ける」環境を設定することが大切です。「でちゃった」「でなかった」など安心して挑戦でき、助けられ、励まされ、ほめられ、許されることです。すると、「先生できた！」「トイレ行ってくる！」などと声が聞こえ始めます。「私もしてみたいな」「トイレ行ってみようかな」などと、心の声が生まれる支援をしていきましょう。

保育者のスキル「ディスカウントとストローク」

保育者は、「ディスカウントとストローク」のスキルを身につけましょう。

「ディスカウント」は、割引行為のことです。たとえば、街にはディスカウントストアがあります。食料品や生活用品などの定価が割引されるのは、消費者からすれば喜ばしいことかもしれません。しかし、ヒトには定価がありません。こどもの価値など測れるものではなく、可能性にあふれているので付加価値ばかりともいえます。ですから、「ディスカウント」は、割り引いて考えず意欲を削がない“無意識にしない”姿勢が大切です。心のどこかで「こどもだから」などと、「まだ無理」「言ってもわからない」などと、蔑(さげす)んだり軽んじたりしないことです。

一方で「ストローク」は、心に栄養素を贈る行為のことです。たとえば、風船は空気を送らないとしぼんでしまいます。ですから、何度でも空気を送ります。すると、「心の風船」はどんどん大きくなり、弾力のある材質にもなります。ちょっとのキズや失敗でへこたれません。そのため、「ストローク」は、“意識してする”という姿勢が大切です。「きっとできるよ」「大丈夫だよ」「すばらしい」など、「無条件のストローク」を日頃からたくさん子どもたちに贈りましょう。そのうえで、使いどころを見極めて「○○ができたら」「○○をがんばれば」など、「たられば」がつく「条件付きのストローク」を贈るようにするとよいでしょう。

ディスカウントとストローク

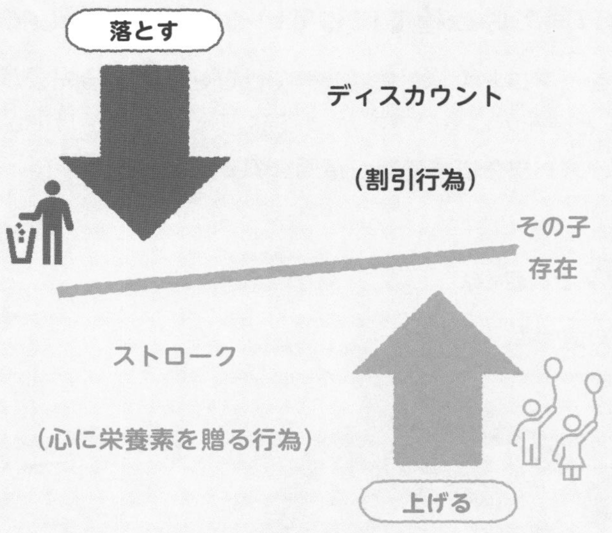

無意識・無自覚にその子の価値や出来事の意味を落とすと、意欲は削がれ、意識が低くなり、発達の妨げや事故にもなりかねません。その子の心をディスカウントで傾けず、ストロークで心に栄養素が届くと、気分が上がり何度でも挑戦したくなります。

もしも私ならどう応答するか

「ディスカウントとストローク」を用いて考えよう。

事例❶ 「鼻水やよだれを顔をつかんで拭いた」

「お鼻、ふこうね」「よだれ」などと声をかけてもいやがられます。それで顔をつかんで拭くのですが、気づくとまたズルズルダラダラ出ています。「お鼻、出た」「よだれ」などと教えてほしいものですが、気にしなくてよいでしょうか？

私の回答

ディスカウントの面では、

ストロークの面では、

事例❷ 「保護者から紙パンツをお願いされた」

保護者から「今日は買い物に行くから、帰りは布パンツではなく紙パンツをはかせて」などとお願いされることがあります。気にしていなさそうな子もいれば、肌感覚とかをいやがる子もいます。言われたとおりでよいものでしょうか？

私の回答

ディスカウントの面では、

ストロークの面では、

事例❸ 「金切り声で呼び捨てにしている先輩を目撃してしまった」

よく暴れる子を「マコト！」と金切り声で呼び捨てにする先輩がいます。普段は「まーくん」と呼んでいるのですが、状況によって使い分けているようです。ほかの子の呼び方もまちまちですが普通なのでしょうか。

私の回答

ディスカウントの面では、

ストロークの面では、

解説

事例①

ディスカウントの面では、

鼻水や身だしなみなど、不衛生な状態を“別にいいか”と放置することは、その子の本来の価値を割り引く行為です。「お鼻！」「こっち向く！」などと、無意識に強引に鼻水やよだれを拭き取る行為は控えましょう。

ストロークの面では、

アイスマイルなど「非言語のストローク」を入れてから、「すっきりしたね」などと「言語のストローク」で終えます。心身ともに快適な気分となるように、意識して心に栄養素が入るはたらきかけをしましょう。

事例②

ディスカウントの面では、

その子の発達過程などを一方的にスルーすることは、その子の思いや育ちを割り引く行為です。無意識に保護者の反応をおそれて言われるがままにならないように、一緒に判断するスタンスを取りましょう。

ストロークの面では、

「お買い物、いいですね」「楽しみだね」などと、保護者にもこどもにも「うれしい」という気持ちが心に貯まるようにします。「○○ちゃんはどう？」などと聞くという「言語のストローク」を入れ、こどもをよく観察し、「うん！」とうなずくなど「非言語のストローク」を入れます。

事例③

ディスカウントの面では、

呼び方が何だか気分がよくなく聞こえるなどその子の存在や周囲の環境の価値を損ねていませんか。「何で自分だけ？」などと、無意識に特定の子が割引対象にならないように、正しい呼び方を一緒に確認しましょう。

ストロークの面では、

「○○くん」などと愛情を込めて叱ると心に栄養素が伝わり、意欲になります。逆に心が空っぽのストローク飢餓になると、お腹が空いたときのように無気力、攻撃的、注意を引く行為などにつながります。

保育者が身につけたいスキル⑤

コーチングとコーピング

相談

こどもの言い間違いへの対応に悩んでいます。３歳未満児に対して、「とうもころし、超かわいい」「ぶっころりー、おもちろい」「かたつるみさんは、いないよ～」などと、からかっているように聞こえます。４歳になる子には、発音や遅れが気になる子が何人かいます。こどもが「おタカナ」と言うと「おサカナだよね」と言い直しをさせたり、「キインさん」と言うと「キリンさん、キ・リ・ン」などと指摘します。簡単な単語が返ってこないと、「お口で言わないとわからないよ」と叱り気味に言います。「何で療育受けてないの」などと、こどもの前で話していることもありました。

回答

その子の発達のペースを温かく見守るのが前提です。モノマネをしたりさせたり、言葉や動作をからかってはいけません。その子の前で、その子に関する話し合いもしません。保育者は、「アクション」（仕掛ける）よりも、「リアクション」（受け身）上手になりましょう。たとえば、「おとそ」という発話に対して、「おそと、行こうね」と、言葉にして繰り返します。「すぱぺぴー、うまうま」という発話に対して、「スパゲティー、おいしいね」と、目を合わせて丁寧に返します。受容的・応答的な単語のやりとりから、二語文や三語文となっていきます。「うんうん」とうなずいて肯定したり、「そうそう」とあいづちを入れて応援したり、「それでそれで」と深掘りしていくことで、こどものアクションを引き出していきます。言葉に偏らず、こどもの見たままの表面をよく観察して、見えない内面をよく知ろうと洞察をし、その答え合わせとして温かな質問をします。

保育者のスキル「コーチングとコーピング」

保育者は､「コーチングとコーピング」のスキルを身につけましょう。指示的な先生のもとでは、こども自身の「感覚の司令塔」から､「OK」「GOOD」といったサインやシグナルが送れず、自己肯定感が揺らいでしまいます。コーチングは、その子のモチベーションとなる「!?」「！」を引き出すことです。気分を尋ねるフィーリングクエスチョンで質問します。①前向きに「ねえねえ？」「どう？」などとインタビュー（取材）をします。②そして、共感的に「見たい」「見ていた」などと、フィードバック（感想）をします。コーピングは、その子のストレスとなる「×」「△」から心身を守ることです。保育者が、温かいブランケット（保護因子）となるイメージです。その子の親友になりきるフレンドクエスチョンで質問します。①その子が安心する言葉かけ、好きな遊び、楽しみなどのレパートリーから、適切な選択をしてギフト（安心材料）を贈ります。②そして、チア（純粋な応援）をします。こどもは思いのほかストレスフルな環境に身を置いています。そのストレスの段階は、満足期、失望期、幻滅期、絶望期、回復期と５段階あります。心身にキズを負ってしまった失望期には、ぎゅっとハグするなど、その子のお気に入りのアクションで応急処置をしましょう。

コーチングとコーピング

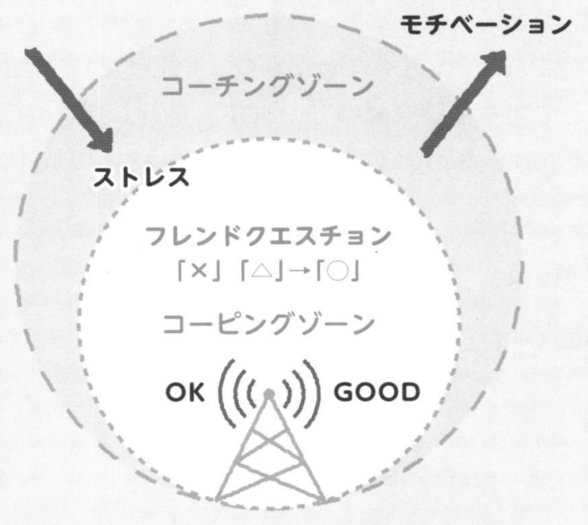

自己肯定感の感覚の司令塔が「OK」「GOOD」を受発信できるように、フレンドクエスチョンでストレスからコーピングします。フィーリングクエスチョンでモチベーションを引き出すコーチングをします。「○」（安心）や「☆」（挑戦）になります。

もしも私ならどう応答するか

「コーチングとコーピング」を用いて考えよう。

事例❶ 「返事をしない子の返事をずっと待っている」

５歳児クラスのサポートに入っています。「○○ちゃん、いないのね」「みんな、聞こえないよ」などと、返事ができずにいる子の返事をずっと待っています。小学校の前に自己主張をしてほしいようですが、胸がザワつきます。

私の回答

コーチングの面では、

コーピングの面では、

事例❷ 「「ぺったん」が多い」

「お壁ぺったん」「お背中ぺったん」「お尻ぺったん」など、「ぺったん」して立ったり座ったり、列になったり、待たせることが多いです。だれると「お背中、ピッ」します。研修時に「昭和っぽいですね」と他園の先生に言われました。

私の回答

コーチングの面では、

コーピングの面では、

事例❸ 「夢を問う」

毎月のお誕生日会では、「大きくなったら何になりたいですか？」などとお決まりのようにこどもたちに夢を聞いています。身近な職業や同じような肩書きばかりになるのですが、もっと気の利いた聞き方はないのでしょうか？

私の回答

コーチングの面では、

コーピングの面では、

解説

事例①

コーチングの面では、

「なぜ？」「どうして？」と詰め寄る質問は、インタビューではありません。「なあに？」「何かあるかな？」「どうかな？」などと、その子の今や未来へ心からの尊敬や関心が必要です。自己主張とは、仮に無言でも、「してほしいこと」「してほしくないこと」の境界線を示す行為でもあります。

コーピングの面では、

「ここにいるよ」と友だちになってギフトします。「○○ちゃんの声が聞こえたよ」と友だちになってチアします。先生が友だちとして「○○ちゃんならどうしてほしいだろう？」と質問し、余計なストレスから守ります。

事例②

コーチングの面では、

「○○したいから、△△してほしいけれど、どう？」などと、インタビューしましょう。出てきた回答は受け止めて尊重します。そして、「△△してる」「○○楽しみ」などと、フィードバックをして一区切りします。

コーピングの面では、

友だちとして「いやじゃない？」「変じゃない？」などと質問しましょう。また、「ぺったん」することで、「本当にお話が聞きやすくなる？」「一番ストレスなく、ギフトやチアしやすい？」か自問しましょう。

事例③

コーチングの面では、

気づきやヒントを得て、モチベーションになるかです。「お医者さん」など１つの名詞にとらわれず、「救う」「助ける」など、どう役立ちどんな影響を与えたいか動詞に注目した取材をし、感想をシェアしておきましょう。

コーピングの面では、

「○○ちゃんは、△や□ないいところがある」「△できる」「□するのもよさそう」と情報や選択肢をギフトします。「きっと困っている人を助けているよ」「見てみたいな」「ずっと応援している」などとチアします。

保育者が身につけたいスキル⑥

会話と対話

相談

3歳児クラスの担任ですが、お話を聞けない子に困っています。散歩に出る前には、信号や横断歩道などの交通ルールを確認しますが、話を聞かずに隣の子にちょっかいを出す子など、さまざまです。思わず、「大事なお話を聞けないと一緒に行けないよ！」「置いていかれちゃうよ！」などと声を荒げてしまいます。散歩に出ると、「カラス！」「まっくろ！」などと大きな声で話して、全身で真似したりもします。近所の方から苦情が寄せられたりするので、「静かに！」「シーッ！」と、言葉や態度で制してしまいます。のびのび過ごさせたいのですが、仕方がないのでしょうか。

回答

何よりも、「ひとまず共感」です。一部でも共感できるところだけでいいので、何かしら共感するようにします。「カラスがいるね」などと、はじめは単なるオウム返しでもよいでしょう。オウム返しを徹底的にクセづけることは、保育所保育指針で繰り返し解説されている「応答的なかかわり」「応答的な環境」などのもとになります。「何かを伝えようとする意欲」「大人との信頼関係」「愛着関係の形成」「安定感」「言葉の獲得」「言葉で思いをやり取りする喜び」「人とかかわる力の基礎」などになります。こどもの立場になって理解しようとしていることは、こどもにも伝わります。こどもの視点や視野が自ずと広がっていきます。「○○したい」「貸して」「いいよ」などと、自分で表現できるようになっていきます。こどもは、共感のないところでは共感を示せません。相手の立場になって考えたりもしません。「一人ひとりの発想や表現を、共感をもって受け止めること」が大切です。

保育者のスキル「会話と対話」

保育者は「会話と対話」のスキルを身につけましょう。人間のコミュニケーション手段であるお話には、「おしゃべり」「会話」「対話」の３つがあります。「カウンセリング・マインド」（カール・ロジャース）では、①無条件の肯定的関心、②共感的理解、③自己一致です。こどもの「おしゃべり」には、否定せずに肯定的な関心を寄せて、「うんうん」とうなずきましょう。こどもとの「会話」では、「ひとまず共感」です。気持ち（思い、考え）をキャッチボールできるようになる練習中だからです。こどもの気持ちに対して、「そうだね」などと、応答的にボール（気持ち）を返すことから始めましょう。心地よさを生む効果があります。こどもとの「対話」では、先生が想定している答えに誘導させたりせず、「そっかあ」「なるほど」などと見守りながら「保留中」にします。思いどおりにならないもどかしさを感じながら、ルールを守ったり、一緒に協力しようとがんばっているところだからです。影響力を実感できる効果があります。保育者がこどもの育ちに必要だと確信したりこどもから求められたら、「先生は、○○と思うよ」などとアイメッセージで伝えるとよいでしょう。

会話と対話

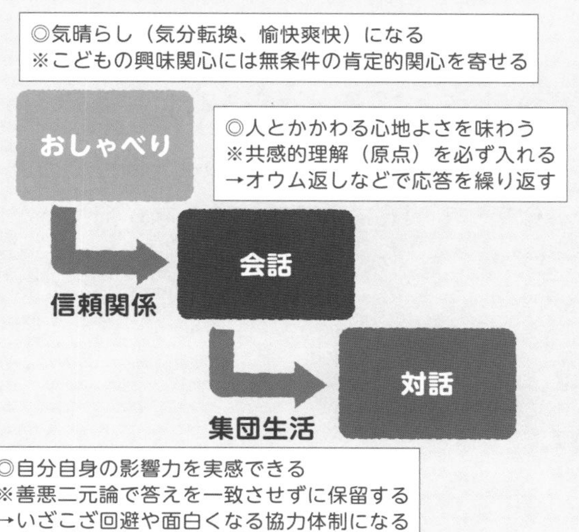

いろいろなサインや声に対して、言語・非言語で応答しながら、気持ちや出来事に共感的理解を示すことで、信頼関係が生まれます。集団生活において思いを出し合うことで、能動的に参画しようとする対話のある環境となります。

ワーク もしも私ならどう応答するか

「会話と対話」を用いて考えよう。

事例❶ 「サルを人間にするなどというアドバイスに納得できない」

先輩は、「サルから人間にするのが仕事だからなめられないで」と言います。「いくら慕われていても、人権侵害です」と言い返すと、「それなら外国語か宇宙人だと思って」などと切り返されます。配慮が感じられず耐えられません。

私の回答

会話の面では、

対話の面では、

事例❷ 「ぶつぶつひとり言を言い、奇声を出す子にあたってしまう」

友だちとの遊びに誘っても加わらずに、一人でぶつぶつ言っていも虫をつつく子がいます。活動中に奇声を出して、びっくりさせることもしばしばです。言葉で言ってもルールが伝わらなくて、目や仕草できつくあたってしまいます。

私の回答

会話の面では、

対話の面では、

事例❸ 「すぐ脅かそうとする子がいる」

「オニが見てる」「幽霊が来る」などと、ほかの子を脅かそうとする子がいます。どうやら同僚の真似をしているようです。みんなが怖がるとニンマリします。「ふざけない」と注意しても、「いやだ」「むしする」とそっぽを向きます。

私の回答

会話の面では、

対話の面では、

解説

事例①

会話の面では、

悪口には乗らずに、「外国語」などと一部でも共感できるところをオウム返ししましょう。自分が話した言葉を自分で聞くことで、自分の気持ちを感じて、自分の考えに気づく効果が生まれます（オートクライン）。

対話の面では、

「え？」「びっくりした」などと、良い悪いは言わずに答えを保留しましょう。「地球人も宇宙人ですね」などと橋渡しをしながら、影響力を伝えて相手を尊重しましょう。そのうえで、「私は、○○です」と意見します。

事例②

会話の面では、

言葉だけでなく、態度のオウム返しで共感します。その子の側でいも虫に目線を合わせたり、それぞれにひとり言をつぶやいたりなど、非言語面から「ひとまず共感」をして、その子の世界に入れてもらいましょう。

対話の面では、

「どんなところが好き？」「どうしたの？」などと判断を一時保留して、その子が出すサインやつぶやきを拾って、つぶやいたりささやいたりしながら、心地よく折り合いをつける応答をしましょう。

事例③

会話の面では、

こどもは意思を伝えるのに一生懸命です。「見てるの」「来るの」などと、オウム返しで受け止めて共感を示しましょう。共感してもらえると、本当の気持ちに気づいたり、言いやすくなったり、身体でも表現しやすくなります。

対話の面では、

「どうしたい？」「どんな気持ち？」などと、同僚も交えて意見交換をしましょう。答えは保留しながら、「うんうん」「そうかそうか」「それでそれで」などと、みんなの考えを作るお手伝いをしましょう。

保育者が身につけたいスキル⑦

小さな感動と小さな感謝

相談

いつも真顔の職員がいます。こどもが“何でムッとしているんだろう？”という表情で、キョトンと固まっていることもあります。たとえば、「先生、これ見て」と拾ったきれいな石を見せても、「そうね」で終わります。「先生、はい」とお菓子を渡しても、「はい」で終わります。主任が「もっと笑顔でね」と言ったことがあるのですが、「はあ」と生返事で終わりました。クラスの様子は、たとえば、ピアノの音で立っておじぎをして発声練習をして歌うなど、まとまっているようにも見えますが、実習生に「こどもたちがつまらなそう」とつぶやかれ、複雑な気持ちになりました。

回答

「何もない」「何もしない」ことは、放任放置やネグレクトが疑われてしまいかねません。雄弁である必要はありませんが、情緒的な応答は必要です。先生に心からの笑顔があると、こどもも安心して持ち前の天真爛漫さを発揮することができます。笑顔をつくることは、「うれしい」「楽しい」というシグナルを、表情筋から脳に伝えるためにも有効です。

一方で、真顔にも意味はあります。たとえば、「ダメ！」と叫ぶより、きりっとした表情で「拒否」を伝えることができます（リジェクション）。「何で！」と声高に問うより、しゅっとした表情で「異議あり」を伝えることもできます（オブジェクション）。何かを手伝ったり（道具的サポート）、何かを伝えたり（情報的サポート）するより、まずは温かさを届けましょう（情緒的サポート）。笑顔は笑顔になる支えになります。心の潤いや余裕も出てきます。

保育者のスキル「小さな感動と小さな感謝」

保育者は、「小さな感動と小さな感謝」のスキルを身につけましょう。感動と感謝は、磨くことができる技術です。忙しいばかりで一生懸命すぎたり、マンネリになると、心で感じて動くことやお礼を言うことがなくなります。保育者は、「幸せを感じる子」を育てることができます。きれいな「ハート型」をつくるには、小さな感動（センス・オブ・ワンダー）と、小さな感謝（センス・オブ・サンキュー）の２つが大切です。身のまわりのありふれた小さな感動や感謝に、「いいな」「ありがとう」などとつぶやくことから始めましょう。「まあ」「おー」など感嘆詞からでも大丈夫です。たとえば、「イチゴが赤いね」「誰がつくったんだろう」などと、どこにでも感動や感謝は転がっています。小さな感動や小さな感謝により、感性が磨かれ、「うれしい」という気持ちに気づき、こどもの意欲が灯って辺りを照らし出します。自ら感性をきれいにする「自浄作用」と、相手と響き合う「相互作用」が生じるためです。感動や感謝はお花畑の土ともいえるものです。思い思いに意欲の種を蒔き、何度でも笑顔を咲かせることができるようになります。

小さな感動と小さな感謝

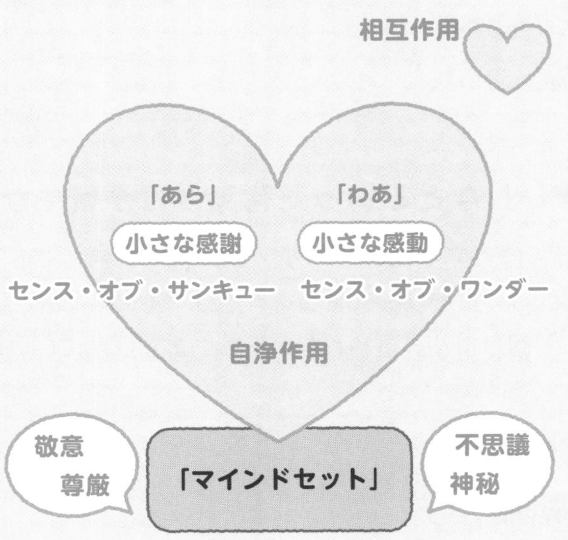

ハートづくりは揺らがないマインドセット（土台の心構え）からです。自然な不思議さや神秘さに心が留まり、小さな感動が湧き上がります。身近な敬意や尊厳に心が寄り、小さな感謝が湧き上がります。「キラキラ」「ピカピカ」と自浄作用で心が磨かれ、「ワクワク」「ドキドキ」と相互作用で心と心が共鳴し合います。

ワーク もしも私ならどう応答するか

「小さな感動と小さな感謝」を用いて考えよう。

事例❶ 「鼻水が出てもぼーっとしている」

２歳児ですが、鼻水が出てもぼーっとしたままです。みんな「お鼻、出てる」と指摘しても、「お鼻、ふくね」などと援助はしません。以前、勤務した園では、１歳児でも自分でふこうとしていました。何が違うのでしょうか？

私の回答

小さな感動の面では、

小さな感謝の面では、

事例❷ 「ブロック塀を乗り越えて脱走した」

５歳の子が、３人で園のブロック塀を乗り越えて脱走しました。近所の方が気づいてくれたのでよかったですが、園長に正座させられて叱られました。園の外を見ているときがよくあり、そのとき注意すればよかったのでしょうか？

私の回答

小さな感動の面では、

小さな感謝の面では、

事例❸ 「「うまい」などといった言葉かけが気になる」

言葉かけが評価っぽくて気になります。ドングリを拾ってドングリゴマをつくったり、まつぼっくりでリースをつくったりするのですが、「うまい」「花丸、丸」などと言って回ります。言われない子もいます。別にいいのでしょうか？

私の回答

小さな感動の面では、

小さな感謝の面では、

解説

事例①

小さな感動の面では、

「これは何だろう？」と不思議がってみるのも一案でしょう。「おやおや」「キラキラしてる」「何か出てきた」などと純粋な興味関心を示し、こどもが「ホントだ」「何だろう？」と気に留めやすくなるようにします。

小さな感謝の面では、

鼻水＝何かのサインとマインドセットします。ひと声かけてから、「ふいてもいい？」「ティッシュどうぞ」などと近づき、「きれいになった」などと安定させ、「ありがとう」の言葉で終えるサイクルを繰り返します。

事例②

小さな感動の面では、

園の外を見ている傍らで、好奇心を一緒に味わいます。同時に、園の中の生活を退屈な繰り返しとせず「バッタ？」「みんな、グリーンだよ！」「ジャンプした!?」などと、なにげない「？」「！」「!?」を見つけます。

小さな感謝の面では、

「おかえり」「無事でいてくれてありがとう」などと戻ってきたことを感謝します。なにげない日常を当たり前とせず、小さくても繰り返し感謝することで、大切な存在であることを情緒的に感じ取れるようにします。

事例③

小さな感動の面では、

驚きや不思議さは目の前にあります。見た色や形、触れた感じや重み、転がる音など、多彩な異なりがあります。感覚に心を留めると「うわあ」「ワオ」「ワンダフル」などと感じられ、ワクワク面白くなります。完璧さを気にする減点主義より、五感や直感で楽しむ加点主義がよいでしょう。

小さな感謝の面では、

つぶさにささいな「ありがとうの芽生え」を観察します。「見せてくれてありがとう」などと、心に余裕が出ます。モノクロではなくカラフルな心持ちに好転させる切り返しになり、喜びやうれしさが伝わっていきます。

保育者が身につけたいスキル⑧

ほうれんそうのおひたし

相談

毎日が慌ただしく、「もうおしまい」「時間だよ」と遊びを終了させてしまっています。お店屋さんごっこのときも、「いらっしゃいませ」「できたてです」と、あちこちから声をかけられますが、「おなかいっぱいです」と答えてしまいました。「何で食べないの？」とみんなが聞いてくるので、「何でじゃない！」と大きな声を出してしまいました。「ちょっと待ってね」といったやりとりも多くなり、気がつくと、「早くして」「ちゃんとして」などと、そっけないかかわりが増えています。

回答

先生だからといって“しっかりしなくては”と考えるのではなく、こどもたちの力を借りる意識をもつとよいでしょう。保育者が弱い一面を見せることで、こどもたちは“先生も大変なんだな”などと感じて、こどもたちなりにいろいろ考えたりするでしょう。保育におけるマネジメントでは、どこにでもリーダーシップがあるという「分散型・協働的リーダーシップ」が期待されます。保育者はフォロワーシップを発揮して、こどもたちともシェアして、以下の４つのリーダーシップを補い合うことが大切です。①方向付けのリーダーシップ:「こうしよう」などと率先して進めます。②協働のリーダーシップ：「みんなで一緒にしよう」などと助け合って協力しようとします。③力付けのリーダーシップ:「できるよ」「いいね」などと、応援して元気づけようとします。④教育のリーダーシップ：「何それ？」「教えて」などと、学び合い育ち合おうとします。それにより、保育者もみんなの一員になることができます。

保育者のスキル「ほうれんそうのおひたし」

保育者は「ほうれんそうのおひたし」のスキルを身につけましょう。みんなでリーダーシップを発揮し合う基本スキルとなります。こどもから「ほうれんそう」（報告・連絡・相談）は毎日たくさん届きます。ほうれんそうは鮮度が大切なので、速やかな応答を意識しましょう。報告は進捗を結論から伝えます。こどもは「見て見て」などと遊びの内容を報告します。連絡は「知るとありがたいかもしれない」情報の共有です。こどもは「○○ちゃん、おもらし」などと思いやりから連絡します。相談は「ねえねえ」などと話をして大小の課題を乗り越える育ちのプロセスです。あらゆる表現でこどもは相談をします。こどもからのほうれんそうに対しては「おひたし」を意識して応答するとよいでしょう。「怒らない（お）」「否定しない（ひ）」「助ける（た）」「支持する（し）」の４つです。怒る・否定は共感とは真逆の行為のため、「ほうれんそう」が出にくくなります。怒るなら自分に矛先を向けて、否定するなら相手のすべてを否定せず一部でも肯定するとよいでしょう。そして、「そうそう」「そうかあ」「そうかもね」「そうだったの」「そうしてみる？」などと応答して、こどもの思いや考えを助けたり支持しましょう。

ほうれんそうのおひたし

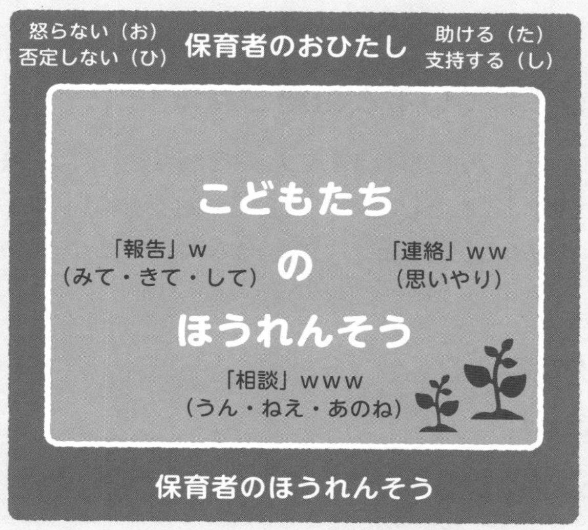

こどもたちからの「ほうれんそう」（報告・連絡・相談）に、保育者は「おひたし」（怒らない、否定しない、助ける、支持する）を意識して応答します。保育者からもこどもの育ちに必要な「ほうれんそう」をします。「ほうれんそう」の「おひたし」により、安心して生活し、のびのび遊ぶことができます。みんなで育ち合いましょう。

ワーク もしも私ならどう応答するか

「ほうれんそうのおひたし」を用いて考えよう。

事例❶ 「何回もでんぐりがえしをしてくる」

こどもたちが、何回もでんぐりがえしをして「見て見て」「見てた？」と言ってきます。最初は「すごいね」「できたね」と応答していたのですが、何度も繰り返し聞かれるので、「さっきも見たよ」などと雑な対応になってしまいます。

私の回答

ほうれんそうの面では、

おひたしの面では、

事例❷ 「品のない流行り言葉を使いたがる」

お笑い芸人の真似をして、「もっかい！」などと楽しそうにこども同士で意気投合して盛り上がっています。本人たちは真剣そのものなので、微笑ましくて笑ってしまいますが、品のない流行り言葉なので止めさせたいです。

私の回答

ほうれんそうの面では、

おひたしの面では、

事例❸ 「いじめられていると相談された」

「いじめられている」と相談されました。話を聞くと、「押された」「一緒に食べてくれない」ということでした。「いろいろ、あるよね」「言いたいことは言ってね」とその場は収めたのですが、このような対応でよかったのでしょうか。

私の回答

ほうれんそうの面では、

おひたしの面では、

解説

事例①

ほうれんそうの面では、

「今日は３回できたね」「今のはまっすぐだった」などと、進捗を把握して具体的に見たことがわかるように報告しましょう。「ポーズが決まったね！」などと、どこがよかったのかうれしくなる連絡をしましょう。

おひたしの面では、

気持ちが満たされるように、「見る」「笑顔になる」など言葉以外でも支持していることがわかるように伝えます。行動に対して、「今は座ってほしい」などと指示をしたければ、「今は座ろうね」と短く伝えましょう。

事例②

ほうれんそうの面では、

例えば、「先生は△△に悩んでいます」と事実を具体的に報告します。そして、「□□は面白いと思う」とうれしくなる連絡をして、「かっこいい○○があるよ。やってみる？」などと相談するとよいでしょう。

おひたしの面では、

不安など（一次感情）が募りイライラしたら、息を吐き切る、水を飲む、目をつぶるなど自分を助けましょう。相手に怒る（二次感情）など自分の感情をぶつける行為は、一瞬は制圧できても解決になりません。

事例③

ほうれんそうの面では、

相談してくれたことに対して、「そう」「そうだったのかあ」「教えてくれてありがとう」などと共感で応えましょう。「困ったね」「先生も悲しいな」などと、語尾に「なにぬねの」を付けると柔らかい印象になります。

おひたしの面では、

一緒に気持ちを伝え合うときは、一方的に否定せず、「そう？」「だいじょうぶ？」などと、「？」をクッションにして肯定します。時には、「そこがいいんじゃない」などと、一部分でも肯定できるとよいでしょう。

保育者が身につけたいスキル⑨

ソラ思考

相談

今、勤めている園のネガティブな人たちの気質や職場の雰囲気がどうも合いません。たとえば、２歳の子が「先生、これあげる」と誇らしげにグーのにぎりこぶしを突き出していたときです。「なあに？」と園長が受け取りましたが、５匹ほどのダンゴムシだとわかると、「いやだ！」と放り投げてしまいました。園長は口ぐせなのか、何かと「いやだ、いやだ」を連呼するので、職員に煙たがれています。その職員たちも「いやだ、鼻血」「けんかはいや」「忘れ物、いやね」「これで遊びなさい」などと、否定する言葉を使うことが多いです。それを真似してか、こどもたちも年齢を問わず「いや」「いやだ」とよく言っていると感じます。保育のプロと思えず、どう注意していいかもわからず、転職しようか悩んでいます。

回答

保育は、楽しいことやうれしいことばかりではありません。やきもきしたり、悲しい出来事なども少なからずあります。その間、「いやだ」「無理だ」と悲観的に沈み込んで過ごすのと、「そこから得られる学びは何だろう」などと試行錯誤するのとでは、未来に続く道筋がまったく異なります。前者は受動的ですが、後者は能動的です。気づきから学びへとなるように、「よかった探し」ができる個々の思考力が大切です。「夜空が暗ければ暗いほど、きれいに星が見える」ことを知り、下ばかり向いているのではなく上を向いて探しているかです。たとえば、今は、真夏は酷暑という時代です。それを、「暑くて死にそう」「外に出たくない」などといやいや過ごすのか、「省エネのチャンス」「お部屋でゆったりできる」などとワクワク考えるのか、どちらが前を向いて歩きやすいですか。

保育者のスキル「ソラ思考」

保育者は、「ソラ思考」のスキルを身につけましょう。「思考力の芽生え」をお手伝いするためです。また、こどもの理解には、「共感的理解」と「多面的理解」が必要だからです。まず、「ソラ」（事実）があります。ソラ模様は、青空、秋空・冬空、夕焼け空など、見る人によって変わりはありません。たとえば、「転んで血が出た」といったような事実です。次に、「アメ」（解釈）があります。曇り空を見て雨が降ると思うかなど、どう思うかは解釈が分かれます。「転んで血が出た」という事実に対して、「いやと感じること」（感覚語）と「よかったと思うこと」（積極語）に分解します。「痛い」「遊べなくなって悲しい」など「いやだった」ことに対しては、雑でなく丁寧に共感的理解をします。それだけで終わらせず、「人気のテープを貼ってもらえた」「先生を独占できた」「お母さんがやさしくしてくれた」など、「よかった探し」を手伝ってあげて、広く多面的な理解をします。すると、「いいこともあった」と安心・納得して切り替えることができます。最後の「カサ」（判断）では、傘を持っていこうかどうかなど、心持ちを楽にする判断から、よいと思った多様な行動が自然と選択できるようになります。

ソラ思考

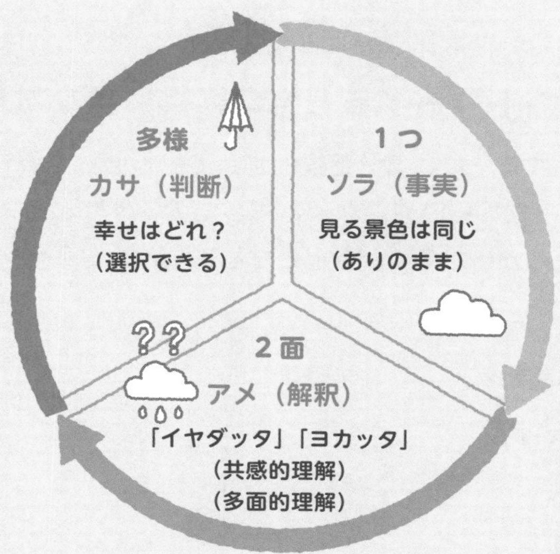

ソラ（事実）は1つです。1つの事実に対して、どう感じるか、どう考えるか、解釈は大きくは2面に分かれます。「いやだった」感覚に共感的理解を寄せます。小さくとも明るく楽しい「よかった」考えを多面的に探すお手伝いをします。何かしら「よかったこと」が見つかるとよりよい状態になるための判断も早く多様に広がり、行動が楽になります。

ワーク もしも私ならどう応答するか

「ソラ思考」を用いて考えよう。

事例❶「おもちゃを壊した子を決めつけ犯人扱いした」

おもちゃを使う回数や時間や場所を「３回したら○○に貸してね」「５分よ」「座って遊んでね」などと大人が決めています。おもちゃが壊れて発見されたとき、犯人捜しのすえ、「お約束が守れない子」が犯人扱いされました。

私の回答

いやだったの面では、

よかったの面では、

事例❷「かんしゃくを起こしている子に正論をぶつける」

「大きな声で歌って」と指差しで注意された子が、火がついたようにかんしゃくを起こして泣き出してしまいました。「よく泣くね」とあやすわけでもなく、「みんなと歌わないからでしょう」と正論らしきものをぶつけています。

私の回答

いやだったの面では、

よかったの面では、

事例❸「食事中ウトウトすると気分転換に顔を拭いて起こす」

食事中にウトウトする子に、気分転換と称しておしぼりで顔を拭いて起こしています。「自分がされたらいやだな」と思ったのですが、後で「何でご飯のときに起こしてくれなかったの？」などとなるでしょうか？

私の回答

いやだったの面では、

よかったの面では、

解説

事例❶

いやだったの面では、

「お気に入りのおもちゃがない」「犯人扱いされた」などは、とてもいやな事実です。もっと遊びたい、悲しいなど、気持ちに寄り添い、たっぷりと共感します。ルールやマナーはその後に一緒に考えることです。

よかったの面では、

「牛乳パックでつくれた」「大切なおもちゃがわかった」など、よかったことを一緒に探します。その子自身がよかったこともあったと思えると「こんなときはどうしたらよいだろう」と、よくなるように思いが広がります。

事例❷

いやだったの面では、

「みんなの前で注意された」「正論でたたみかけられた」など、こどもにとってはパニックとなるいやな事実です。「今は歌いたい気分じゃないのかな」「身体を揺らして楽しそう」などと、まずは共感的理解をします。

よかったの面では、

「みんなと一緒に楽しめた」「かわいい声が聞こえた」など、よかった探しで多面的理解に慣れて楽になってくると、「〇〇だともっといい」「また聞いてみたいな」と未来思考の理解ができます。

事例❸

いやだったの面では、

「顔を拭いて起こされる」のは、いやな事実でしょう。「寝てしまったら給食がなくなった」ら、いやな事実かもしれません。こどもの気持ちに寄り添えていたら、間違ってしまっても許してくれるでしょう。

よかったの面では、

「おやつがおいしく食べられた」「デザートだけ食べられた」など、保育者のねらいや願いはさておき、何よりその子の食への意欲や喜びにつながるようなよかった探しをしましょう。「してほしい」「したい」という主体的な意欲や行動につながります。

保育者が身につけたいスキル⑩

5角形ヒトデ型指導

相談

2歳児クラスのベテラン職員の食具や玩具などの使い方、食べ方や遊び方などの指導方法が厳しいように感じます。たとえば、スプーンをうまく持てないこどもに「何でできないの？」「何回も言ってるよ」と注意します。できる子の隣に座らせて「よく見ててごらん」「上手に食べられてえらいね」などと見させています。ときどき「特別レッスン」と言って、できない子を集めて手首をつかんだり、何度も持ち直しをさせます。三角食べにもこだわっていて、「まだ早いんじゃないですか」と言っても、「箸や鉛筆を持つときにこの子が困るのよ」と、私が叱られてしまいます。

回答

特に乳幼児期は、他の子と比較などせずに、自己肯定感の核となる自尊心を満たすことが大切です。自尊心は、感謝、称賛、好意の3つのはたらきかけがあって満たされます。「ありがとう」「できたね」「うれしかったよ」などと、3つの観点からまんべんなく満たすようにしましょう。すると、自分を信頼すること（自信）ができるようになります。そのためにも、「腕の動きがいい」「指の握りがいい」など、できていることを繰り返し積み重ねるポジティブ・アプローチが大切です。「自分で食べた」「上手に食べられた」などと、できたことが認識できます。「先生もうれしそうだった」などと、感謝、称賛、好意が伝わるサポートをしましょう。いつの間にか、できなかったことができるようになっていきます。できていないことや期待との差異をギャップ・アプローチで指摘したい際は、ほかの子や常識などではなく、その子の過去や未来の姿と比較します。

保育者のスキル「5角形ヒトデ型指導」

保育者は、「5角形ヒトデ型指導」のスキルを身につけましょう。指導の「基本形」「型」となるものです。「ヒトデ」の星型のように、5本の骨子があります。①「ほめる」とは、事実をありのままに100%伝えて、言語や非言語の「アイメッセージ」で一緒に喜ぶ指導です。たとえば、「スプーンでひと口すくえた。うれしかった」などです。②「叱る」とは、事実をありのままに100%伝えて、改善策を一緒に考える指導です。たとえば、「スプーンをポイしたら落ちた。グーで握ってみる？」などです。③「謝る・感謝する」とは、お手本となる指導です。たとえば、「待っててくれて、ありがとう」「待たせてごめんね」です。④「信じて頼る」とは、あれこれ口出しをせずに、さりげなく手を貸す指導です。たとえば、ボロボロ、ボトボトと食べこぼしをしているとき、「拾って」「ちゃんと見て食べて」などと言わず、そっと拾ってきれいにします。⑤「逆ホウレンソウ」とは、相手からではなく自分から先に報告・連絡・相談をする指導です。たとえば、「コップを落とすなら先にいって」などと問い詰めず、「手のひらぎゅってしてる？」などです。5つの型を1つずつ伸ばします。指導後は、失敗体験を振り返るノンコア・リフレクションばかりで苦手意識とならないよう、成功体験を振り返るコア・リフレクションをたくさんして得意意識を育てます。

5角形ヒトデ型指導

誰にでも得手不得手はあります。最初からキレイなヒトデ型になれるわけでも、努力せずにキープできるわけでもありません。大切なことは1本でもちょっとずつでも手を伸ばすこと。「うれしい」「頼れる」とこどもたちが集まり、真似をし始めます。5つの指導方法を身につけることで「誰にとってもやさしいかかわり」となります。

ワーク もしも私ならどう応答するか

「5角形ヒトデ型指導」を用いて考えよう。

事例① 「ジャングルジムでふざける子を叱れない」

ジャングルジムの頂上で、ゲラゲラと笑って追いかけっこをする5歳児がいます。「危ないでしょ！」「ふざけないで！」と主任が叫ぶのですが、お構いなしで楽しそうです。もしかして、こどもたちになめられているのでしょうか？

私の回答

叱るの面では、

ほめるの面では、

事例② 「虫よけスプレーしないのを責任転嫁した」

虫よけスプレーをしないで遊んでいたら、こどもに「虫よけして」と言われました。「後でね」「待っててね」と伝え、それきりになりました。後で「忘れたの？」と聞かれ、「○○ちゃんが泣いていて」と、言い訳してしまいました。

私の回答

謝るの面では、

感謝するの面では、

事例③ 「午睡中に何度もトイレに行きたがる子にお付き合いできない」

いつもは行きたがらないのに、寝る時間になると「トイレに行きたい」と言います。トイレに付き合った後も「また行きたい」と言うので、「大丈夫じゃない？」「もうお昼寝が終わるから」と言っていたら、おもらししてしまいました。

私の回答

信じて頼るの面では、

逆ホウレンソウの面では、

解説

事例①

叱るの面では、

「目が離れている」などと事実を伝え、「どうする？」などと一緒に改善策を考えます。その子の利益になるよう、「ディスる」（ディス-リスペクト）より「利する」（リスペクト）です。初めて「先生」も尊重されます。

ほめるの面では、

「背面でも棒がつかめている」などと事実を伝え、「びっくり！」などとアイメッセージを伝えます。そのうえで、適宜、「追いかけっこは地面の上をルールにしてね」などとユーメッセージを伝えます。

事例②

謝るの面では、

取り繕（つくろ）おうとせずに、すばやく端的に「ごめんね」をしましょう。言い訳探しや責任転嫁はお手本になりません。こどもに「ごめんねは？」「ごめんねして！」などと言っているうちは、お手本不足です。

感謝するの面では、

当たり前とせずに、すばやく端的に「ありがとう」です。「教えてくれてありがとう」「心配してくれてありがとう」「頼ってくれてありがとう」など、ありがたいと感謝を伝える瞬間は山のようにあります。

事例③

信じて頼るの面では、

その子がトイレに行きたい気分なのは、ウソでなくホントです。こどもを信じましょう。「起きていてもよい」「先生の許可なく一人で行ってもよい」などと選択肢を伝え、信頼して見守りましょう。

逆ホウレンソウの面では、

「後出しホウレンソウ」より「先出しホウレンソウ」です。「お昼寝の時間は時計の長い針が下までだよ」と結論から報告し、「ここだと絵本を読んでいられる」と相手がありがたいと思う情報を連絡し、「どうしたの？」「どうしたい？」「トイレ、一緒に行く？」などと相談しましょう。

こどもとけんりのおはなし❹
あしながおじさん

アメリカの作家、ジーン・ウェブスターの小説『あしながおじさん』は、あしなが基金などの活動や考え方として広がっています。孤児院で育った少女ジュディは、その文才が資産家である「あしながおじさん」の目にとまり、教育的支援を受けることになります。条件は、毎月１回手紙を書くことでした。ジュディは孤児院を出てからも手紙を書き続けます。その後、愛する人に出会うものの、孤児院での過去を打ち明けられず、もだえ苦しむなかでも手紙を書きました。

「あしながおじさん」は、ジュディにとって「安全基地」だったのではないでしょうか。血はつながっていなくとも、実際に会えなくとも、「あしながおじさん」を身近に感じていたことで、ジュディは多感なこども期を乗り越えられました。「あしながおじさん」は心の拠り所であり、心と心の深いつながりを感じられたから、安心して、挑戦し、葛藤し、挫折を経験することができ、ジュディは念願の「家族」を手にしました。

保育者はみんな、こどもにとっての「あしながおじさん」になり得ます。非認知能力の土台となる愛着形成期に「直接関係する人」として存在しています。「あのとき、先生がいたから」「（大きくなっても）先生に会いたい」など、こどもの多くが思っています。小学校に行っても心の支えにしています。卒園してからもこどもの心の奥底にいるのです。

そうであれば、苦い思い出や苦しみを引き起こす冷たい基地ではなく、その子やその子とかかわる人へ心地よい思いを届けられる温かい基地になってあげたいものです。

第5章

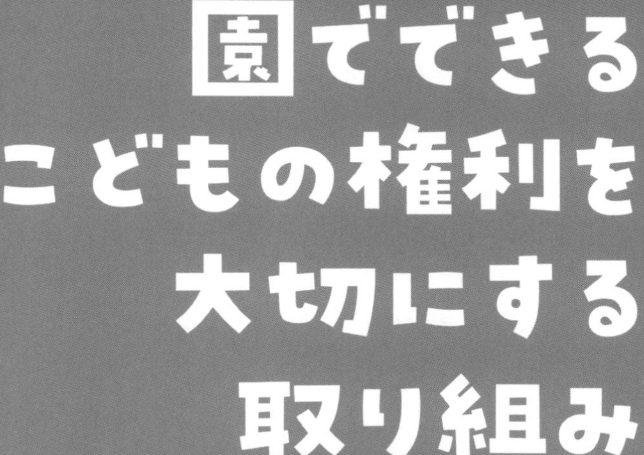

園でできるこどもの権利を大切にする取り組み

日々のこどもの権利となるノウハウのひな型です。裏方でコツコツと制作します。同僚と一緒に話す、考える、続けることが保育を楽しむ雰囲気になり、こども観や保育観が整っていきます。いろいろな育ちを喜び合い、こども期の環境を工夫し、こどもの欲求を満たす組織へ、より一歩、進みましょう。

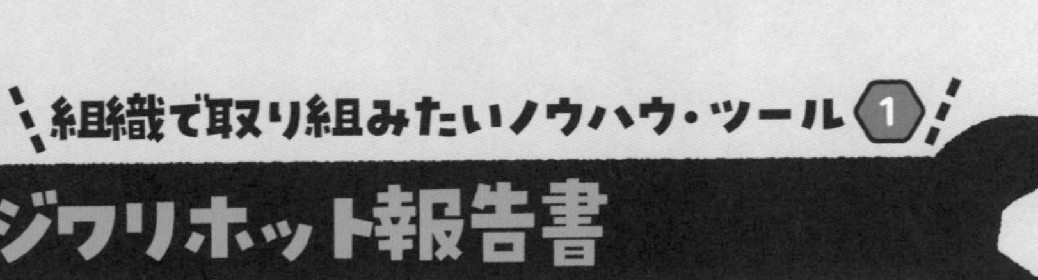

組織で取り組みたいノウハウ・ツール 1
ジワリホット報告書

実際の相談事例

園の伝統的な行事のたびにヒヤヒヤしています。たとえば､「こどもを怖がらせてはいけない」と園長は口では言うのですが、うちの園の節分ではいまだに怖いオニが登場します。３歳未満児は泣き叫んで逃げ回り、３歳以上児も「怖い」と表情をひきつらせています。そこから遊びに発展するわけでもなく､「オニが来るから言うことを聞かないとね」と言う職員もおり、この状況を変えられないかと思っています。

相談事例に対する基本回答

行事など毎年の定番や慣習は、変えることが難しかったりします。地域の文化や園の風土で変更しにくかったり、園長の方針だと言いにくいこともあるでしょう。行事に限らず、「不適切な保育なのでは」とヒヤリとすることもあるでしょう。そうした場合は､「ヒヤリハット報告書」を利活用しましょう。けがなどに限らず､「危ない」とハッと感じたことを報告書で共有することで、日頃から意識して注意できるようになります。

相談事例に対する発展回答

一方で、ヒヤリハット自体が堂々と上げにくい職場の雰囲気があるとしたら、心理的安全性の面でも工夫が必要です。たとえば､「ジワリホット報告書」を利活用しましょう。ジワリとうれしかったこと、ホッと温かい気持ちになったことを報告します。様式は、ヒヤリハットを「ジワリホット」と変えるなどでよいでしょう。異なる点は、発生した出来事の欄に、こどものつぶやきやささやきなど「セリフ」を入れることです。そのとき対応した欄に、保育者の「セリフ」も入れるとよいでしょう。たとえば､「オニさんのおうちはどこ？　お母さんと帰ってね」というこどもの声に対して「そうだね、突然来たら、心配しちゃうね」という保育者のセリフです。なお、振り返りの欄には､「やさしいオニだと、友だちになって一緒に遊ぼうとしていた」など、感じたことを率直に書きましょう。

■組織のノウハウ・ツール「ヒヤリハット・ジワリホット」（図解）

いのち

「ヒヤリハット」（危機予知機能）ハインリッヒの法則	「ジワリホット」（愛情感知機能）ポリアンヌの法則
重大事故の層…1	1…自己肯定感の層
キズの層……29 ケガ・事故・苦情	2……愛着の絆の層 深い喜び・強い信頼
宝探しの層……300 ヒヤリとしたこと ハッとしたこと	……宝探しの層 ∞（無限） ジワリとしたこと ホッとしたこと

キズ（疑い）や重大事故（虐待等）が予防でき、守れます。

ヒヤリハットもジワリホットも、宝探しの層は、貴重な宝の山です。

ヒヤリハット「1：29：300」
ジワリホット「1：2：無限∞」

ありのままの命を受け止めて、今を前向きに生きる感覚です。

うれしい気持ちと自分や相手を信頼する気持ちが結び付き、愛着の絆が芽生えます。

①どんなことのなかにも「よかったこと探し」をすること、②独り占めせずにおせっかいでもお裾分けすること、がポイントです。

■組織のノウハウ・ツール「ジワリホット報告書」（参考例）

ジワリホット報告書

日時	年　月　日（　）天候（　） 午前・午後　時　分頃発生
場所	屋内・屋外・園外
発生したできごと	※セリフ（ひと言やつぶやきなど）やイラストで自由に記入 オニが近づいてくると、私の手を取り、右手を玄関のほうに差し出して、「オニさんのおうちはどこ？　お母さんと帰ってね」と心配そうな表情で伝えていた。 その後、「一緒に遊びたかったのかな。かわいそうだよ」と抱きついてきた。
そのときの対応	※セリフ（保育者の言葉かけ）や応答など 「そうだね、突然来たら、心配しちゃうね」と声をかけた。オニをさとして手を取り、手をつないで玄関に連れていって、そのまま一緒にバイバイをした。
振り返りなど	※このできごとを書いたときや会議で共有したときの気づきなど もう少しやさしいオニだと「一緒に遊ぼう」と友だちになろうとすると感じた。心配させてしまい申し訳ないとも思った。

記入者氏名：

「事実ベース」で記載
こどもの「セリフ」（声や音）を入れる。
写真と異なり後から再現しやすく、記憶にも記録にも残りやすい。

「事実ベース」で記載
保育者の「セリフ」を入れる（なければ非言語表現を書く）。
どのように対応したか客観的にわかり、保育のスキルが磨かれる。

「解釈ベース」で記載
保育者の「素直な感想」を入れる。
同僚とシェアすることで、保育の質の見直しや業務改善につながる。

組織で取り組みたいノウハウ・ツール 2

コピペ事件の号外ニュース

実際の相談事例

ニュースで報道されているような不適切な保育がうちの園でもあります。こどもの足を持って逆さづりにしても、園長は「昔はどこの園でもやっていた」と言い、先輩も「足を持ってブラブラすると力が抜けてこどもが楽しがる」と言います。無理やり寝かしつけたり、ほほを両手ではさんで顔を向かせたり、“大丈夫かな？”と疑問をもつ場面がたくさんあり、毎日が不安でなりません。

相談事例に対する基本回答

“もし当事者だったら”と当事者感覚で疑問をもちましょう。保育施設では園バスや誤嚥など、毎年度、死亡事故や重大事故が発生しています。「またか」「何しているんだ」で済ませないで、「うちの園だったら」「私が職員なら」「出欠確認の仕方は」などと、リアルタイムで検証します。こども家庭庁では「特定教育・保育施設等における事故情報データベース」を公開しています。同様の事故を繰り返さず全員の教訓とするためです。不適切保育も同じように考えましょう。

相談事例に対する発展回答

こどもの事故には、コピーペーストしたようにそっくりな共通点・共通項があります。不適切保育という「コピペ事件」も、同じような類似点があります。たとえば、「給食」の場面では、「完食」「長時間」「口に押し込む」「苦手な食べ物」などのキーワードがあげられます。不適切保育のニュースは第一報が報じられても、続報が少ないです。よその園の話として聞き流したりせずに、「考えること」「想像すること」が大切です。そこで「これは？」と思う「コピペ事件の号外ニュース」を職場内に出します。自分で考えて、同僚や管理者と目線を合わせ話し合う作業が必要です。ニュースが出た都度、何度も繰り返すことで「当たり前」ができます。今は見えなくなっている共通点・共通項を未来へ先送りしないための作業です。「なぜだろう」「自分がするなら」「それを見たなら」の３点を考えるとよいでしょう。

■組織のノウハウ・ツール「コピペ事件の号外ニュース」(図解)

未来に絶対に「そんなこと起こり得ない」確証などない
↓
死角・盲点が必ずある
↓
共通点・共通項がある
↓
コピペ事件の検証で見える

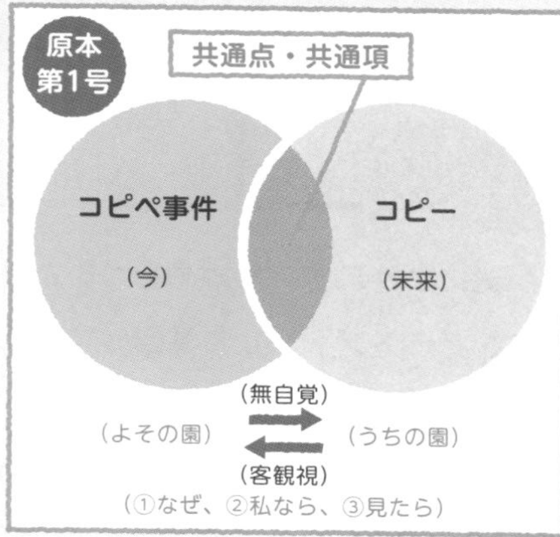

よくあるバイアス(認知のゆがみ)を補正する
①楽観バイアス
②確証バイアス
③集団バイアス

≪副次効果≫
①保育バージョンアップ
②時代アップデート
③チームワーク
④雰囲気・風土

■組織のノウハウ・ツール「コピペ事件の号外ニュース」(参考例)

「コピペ事件」検証No.1　園名 ○○保育園　名前 ○○○○　「食事の場面」

(○○県○○市○○保育園) ○○新聞 ○○○○年○月○日

眠気を催している2歳の男児の口の中に食べ物が入ったままになっているのに約2時間にわたって給食を食べさせ続けていた。午前11時半から始まった給食で男児が眠気を催して食が進まず、約30分後には自ら食べたワカメなどで口の中がいっぱいになった。

問い①. 何でこのようなことが起こってしまったと思いますか?

よく食べる子が元気な子とされ、給食は残さず完食してもらいたい気持ちが強くはたらいた。また、調理員や保護者に報告すると喜ばれ、それがよいことだと思い込むようになった。

問い②. 私だったら、眠たくなったこの子に「する」とき、どのようにはたらきかけますか?

まだ食べたいか、もう眠りたいか，後で食べるか、対応できる選択肢を伝えて声を聴く。こどもの様子をよく観察して、もぐもぐごっくんを見届けてからどうしたいか相談する。

問い③. 私だったら、この子とこの先生を「見た」とき、どのようにはたらきかけますか?

≪添削方法の例≫
例①:「波線+★スタンプ」 良い気づき! 国/園のガイドラインに沿っている
例②:「下線+☑スタンプ」 主観の判断あり 国/園のガイドラインを参照する
例③:「二重線+?スタンプ」 ズレ? 国/園ガイドラインのNG行為に類似

たとえば、添削は1枚1分程度で、効率的・効果的にできるとよいでしょう。添削をし合うことで、普段の保育に迷いもなくなっていくことが期待できます。全体にフィードバックすることで、園のガイドラインづくりにも活かせます。

組織で取り組みたいノウハウ・ツール 3

赤・黄・黒の信号機

実際の相談事例

後輩のトントンが気になります。ため息をついたりしながら、寝つかないこどもたちのお腹などをトントンして見回っていますが、だんだんとそのトントンが強くなったり速くなったりします。“もっとやさしくして”“今速いよ、ゆっくり”などと、私の主観でアドバイスする感じにもなりません。特に問題ないでしょうか。

相談事例に対する基本回答

最善のトントンを考える必要があります。過度なトントンは黙認せず、「通告」「通報」する義務があります（児童福祉法、公益通報者保護法）。「トントンは自分の呼吸に合わせるといいよ」「こどもの心音に合わせるとどう？」などと、自分が普段しているトントンを思い出しながらアドバイスをしてもよいでしょう。些細に感じることでも、身近で点検し合うことが大切です。

相談事例に対する発展回答

交通ルールのように、「トントンルール」をつくり、全員がその審判員になりましょう。いつでも取り締まりができるようにします。実際は、トントンについての具体的な善し悪しはどこにも定められてはいません。そこで、みんなで「赤・黄・黒の信号機」を、「午睡」など場面ごとに整備するとよいでしょう。「赤」は、虐待等です。信号が赤色のときは止まらないといけません。「もう少しで青に変わるだろう」などの見切り発車もいけません。スポーツでいえば「レッドカード」です。次に「黄」は、虐待等を疑われる行為です。信号が黄色に点滅したときは、「急いで渡ろう」ではなく最大限の警戒をしましょう。スポーツでいえば「イエローカード」です。最後に「黒」は、白黒の判定を保留する望ましくない行為です。スポーツでいえば「ファウル」です。プレーをいったん中断する必要があります。ぜひ、無事故・無違反の「ゴールド免許」を目指しましょう。お手本となるフェアプレイで「グリーンカード」をもらいましょう。

■組織のノウハウ・ツール「赤・黄・黒の信号機」（図解）

目的①：自浄作用
（自分で気づきキレイに浄化する）
目的②：牽制機能
（お互いに目配りやチェックする）
目的③：統制機能
（上から喝を入れて管理監督する）
目的④：シナジー効果
（よりよい相乗効果を生む）

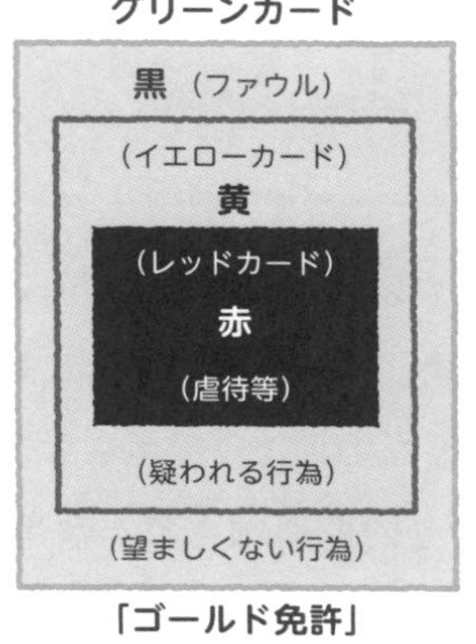

「赤」は、退場処分を始め、重い懲戒の対象です。就業規則の「懲戒」の箇所か、付属規程に記載・周知し、厳正に対処します。

「黄」は、危険行為を確認して、どうしたらよいのか考えます。就業規則に準じて懲戒の対象とし、始末書（改善書）等の形にします。

「黒」は、速やかに口頭で注意をします。「黄」「赤」の予備軍や兆候のサインです。

「緑」（外枠）は、モデルとなる優れた行為です。就業規則の「表彰」の箇所か、付属規程に記載・周知し、大いに称えて奨励します。

■組織のノウハウ・ツール「赤・黄・黒の信号機」（参考例）

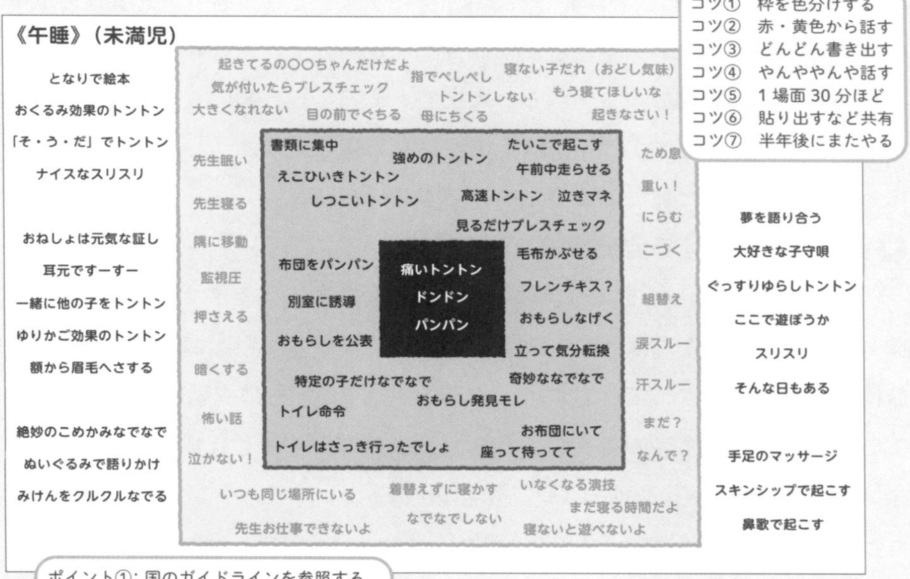

ポイント①：国のガイドラインを参照する
ポイント②：園のガイドラインに反映させる

いろいろなテーマについて職場で話していくなかで、「自分もしていたかも？」「これはこどもにとってどうかな？」と、イメージをもちながら、みんながわかるように「見える化」されていきます。共通のルールがあることで、お互いに注意もしやすくなります。

園のガイドライン

実際の相談事例

監査で「国のガイドラインを周知・徹底すること」を指摘されました。職員会議でそれを伝えた後、プール遊びの後に裸のまま並ばせたり、おもらしをした際にほかのこどもの前で着替えさせたり、パンツでどろんこ遊びをしたりしていたことを内部通報され、改善勧告を受けてしまいました。現場の状況を改善するために、何かよい方法はありませんでしょうか。

相談事例に対する基本回答

「伝える」と「伝わる」は異なります。「わかる」と「できる」も異なります。各種ガイドラインは、児童福祉法や保育所保育指針などと並んで、法令遵守・コンプライアンスを構成する一部といえます。そのため、常にガイドラインを傍らに置いて参照し、ガイドライン以上の保育を目指しましょう。一度や二度、伝えてわかったというだけでは不十分なのです。

相談事例に対する発展回答

「国のガイドライン」をより具体的にする「園のガイドライン」を場面ごとに整備しましょう。たとえば、虐待等のガイドラインの性的虐待には、「下着のままで放置する」と明記されていますが、「総合的に」「こどもの立場に立って」とあっても、職員によって判断は異なるかもしれません。そうした場合、“これは仕方ない”と人も組織も居心地のよい「快適領域」（コンフォートゾーン）にとどまろうとします。「挑戦領域」（チャレンジゾーン）にいくには、「難しいことをわかりやすく」「わかりやすいことを親しみやすく」する必要があります。「これくらいならできる」と心から実感できることが重要です。具体的には、「国のガイドライン」を園の言葉で翻訳して、①合言葉（スローガン）、②方針（ポリシー）、③判断基準（ライン）、④OK例、⑤NG例の５つについて、「園のガイドライン」をＡ３かＡ４用紙１枚程度にまとめるとよいでしょう。何度でもその都度改定して、常に最新版に更新することがポイントです。

■組織のノウハウ・ツール「園のガイドライン」（図解）

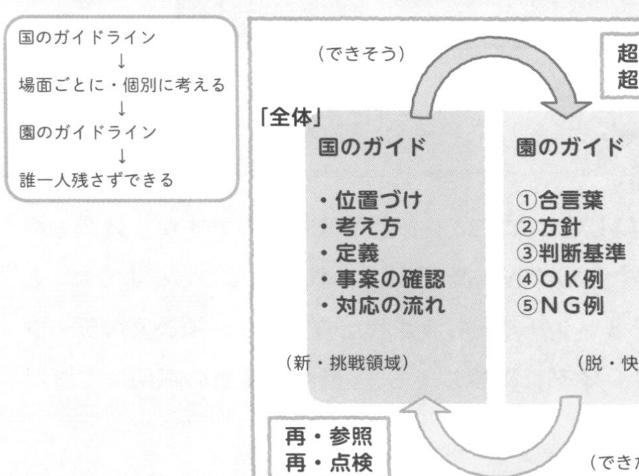

■組織のノウハウ・ツール「園のガイドライン」（参考例）

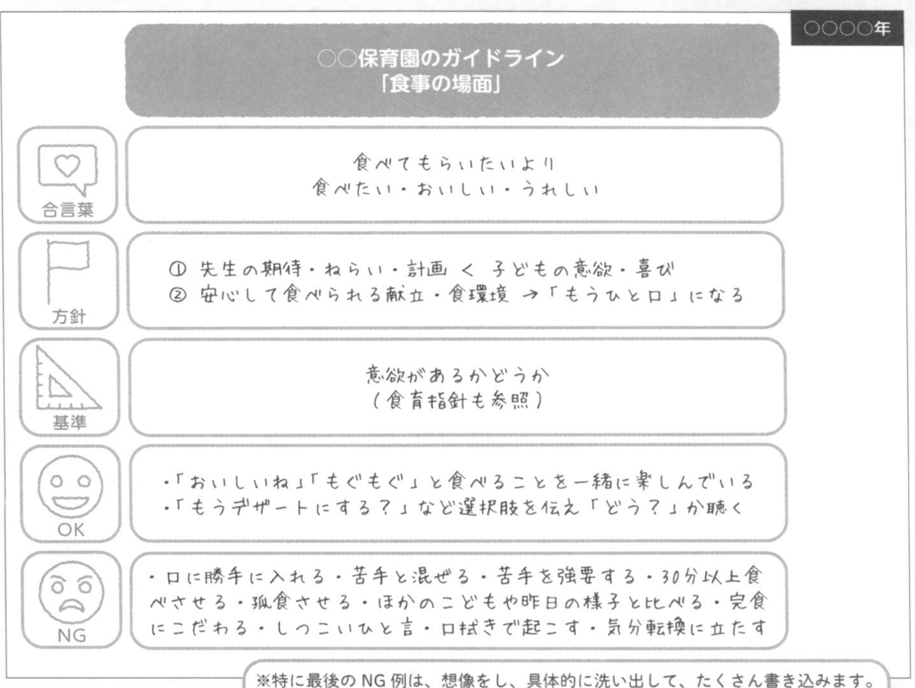

※特に最後のNG例は、想像をし、具体的に洗い出して、たくさん書き込みます。
※NG例は、園の出来事などだけでなく、ニュースやよその園の事例も加えます。
※NG例に抵触する行為は、「園のガイドラインだと～」とすぐさま話し合います。
※NG例など、その都度、加えます。少なくとも毎年度、更新して周知します。

「国のガイドライン」を、場面ごとに自分たちの普段使いの言葉で「園のガイドライン」としていくなかで、よいこと、よくないことが腑に落ちて、行動ブレが少なくなります。きちんと意識に残ることで「こわさ」もなくなり、工夫しながら各場面に向き合えます。

組織で取り組みたいノウハウ・ツール 5

5区分の跳び箱

実際の相談事例

「保育についてよく話し合いなさい」と園長は言うのですが、残業も多く、実際にそんな時間や余裕はありません。「これを読んでおくように」と不適切保育に関するチェックリストも渡されたのですが、職員室のテーブルに置かれたままです。本部に相談しても、「新たに職員の採用はできない」と言われるばかりです。

相談事例に対する基本回答

労働基準法によると１日の労働時間は最大８時間です。そう考えると、こどもの１日の遊び時間は何時間になるでしょうか。保育者が、こどもと一緒にいるコンタクトタイム（CT）を充実した時間にするためには、こどもとかかわらないノンコンタクトタイム（NCT）において、どのような保育を実践するかといった作戦会議や、それに基づいた準備をすることが必要といえます。

相談事例に対する発展回答

こどもの育ちから見た仕事の優先度を見極めて、一部の仕事はストライキを考えてみましょう（日本国憲法第28条）。どの仕事を選べばよいのか迷うと思います。まず、①手作り、手書き、手作業、手弁当（サービス残業）をピックアップします。そして、②優先事項（これはやる！）よりも後先事項（これいる？）を考えましょう。「無理ならしなくてもいいこと」がわかり、優先順位が立てられます。③整理整頓をして業務を精選されたものにします。よくわからないものは、勇気を出して断捨離することも必要です。④「５区分の跳び箱」で考えましょう。不適切な保育や重大事故は１件でもアウトなので、スタンドプレーではなくチームプレーで発生を防ぐようにしましょう。区分１は園の方針なので行います。区分３はどっちでもいいならしません。区分４はグレーなのでやりません。区分５はコンプライアンスの観点からしません。区分２のような個人の価値観で「やったほうがいい」と思っていることは、対話で合意形成をする必要があります。

■組織のノウハウ・ツール「５区分の跳び箱」（図解）

「保育者の義務」（仕事）と「こどもの権利」の両手で跳びます。保育者の権利ももちろん大切です。

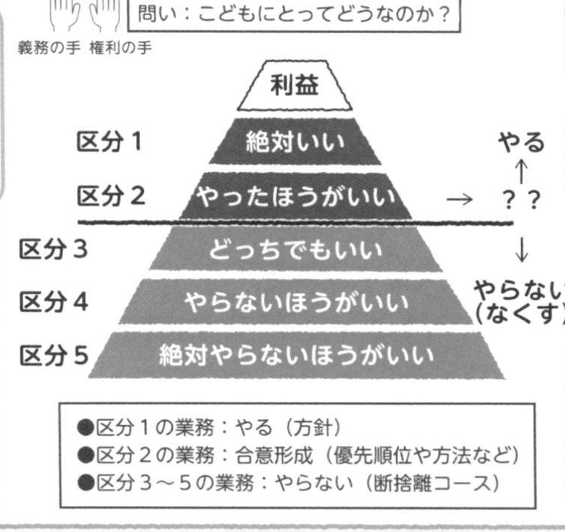

「こどもにとってどうなのか？」「こどもごとの利益」になるような「目標の質」から考えます。

区分１は、法令か管理職マターです。法令や管理職と「目線合わせ」をすることが大切です。

区分２は、「対話」のしどころです。白黒つけるより合意形成です。説得より納得です。

区分３以下は、なくす方向性を想定します。減らす、まとめる、リサイクルする、ICT 化する、外注する、業者に頼む、サブスクリプションにするなど、ほかの具体的な手段も検討します。

■組織のノウハウ・ツール「５区分の跳び箱」（参考例）

≪ステップ１≫
目的を再確認しましょう。「サボりたいわけではなくて、安全・安心に、気持ちよく楽しい保育をしたいから」「対話の時間をつくろう」「不適切になるかも？を予防しよう」など、足並みを揃えてからスタートします。

こどもにとっての最善の利益

挨拶 安全計画 避難訓練 交通ルール お散歩マップ更新 救命救急講習 視診 健診 出欠確認 アレルギー / ブレスチェック ストローク ほうれんそう運動 自由遊び

食育 年中行事 親子遠足 ヒヤリハット お砂場そうじ おもちゃ消毒 園内研修 虐待予防 誕生日会 当番活動 夏祭り ひな祭り 卒園アルバム ガイドライン読み込み DVD 作り 絵本貸し出し はみがき指導 入園式 / 卒園式

壁面 自前の写真販売 毎日の掲示板 / 掲示物 毎月の製作物 似た指導案（日 / 週 / 月）クラス / 給食だより 紙の配布物 幼児の連絡帳 乳児の朝の集まり 昼礼 / 夕礼 / 終礼 保護者参観 父 / 母 / 敬老の日 習いごと 保護者向けお遊戯会 残食調査 布おむつ マイエプロン / 手口ふき

おむつの持ち帰り 豆まき マナー強制 ５歳児寝かしつけ ０・１歳児の製作 乳児の運動会 うわばき 布団ほし 手作りおもちゃ 土木作業 園外そうじ 歓送迎会 電車遠足 汚れもの手洗い 二槽式洗濯機 衣装づくり 絵本直し 園ブログ 一斉保育 ピアノ保育 家庭内トラブル関与 長時間会議 オバケの出るハロウィン 正月の集い

不適切保育 完食・排泄・午睡・遊びの強要 しつけの押し付け 在宅勤務でない持ち帰り 行事保育 保護者との付き合い 下水 / 側溝そうじ SNS（個人情報漏えい）監視員のいないプール 私も誰も読まない研修報告 居残りドキュメンテーション イヤイヤのお泊り保育 こどもマスク義務化

≪ステップ２≫
「見える化」してみましょう。否定や非難をせず受け止めることは、グランドルールです。「？」となったら、思いや考えを聞いてみましょう。気持ちへは共感的な理解を寄せます。

≪ステップ３≫
「へえ、紙エプロンや口拭きのサブスクリプションがあるのか」など、「こうしたらどうかな？」という気づきを共有します。
１つのやり方にこだわらず、多面的な理解を心がけます。

≪ステップ４≫
スモールステップで、１つずつ片づけていきましょう。短期的な目標（１年以内）と中長期的な目標（３年以内）を定めるのも有効です。さじを投げずに試行錯誤します。

いつもの仕事も、こどもの育ちにどうつながるかよくよく考えると、保育者がよかれと思ってやっている仕事があるかもしれないと考えるクセがつきます。やることとやらないことを精査することで、こどもの安全・安心に配慮した保育ができるようになります。

組織で取り組みたいノウハウ・ツール 6

新・法定三帳簿

実際の相談事例

集団離職もあり、園児の受け入れができず定員割れしてしまいました。行政指導も受けて、処遇を改善したり職員の休暇を増やしたりしていますが、効果が出ない状況が続いています。今回、離職を申し出た１人に本音を聞くことができました。特定の職員の「泣かない！」「泣くのおしまい！」などという不適切な言動を見たくないということでした。

相談事例に対する基本回答

一番の犠牲者は誰でしょうか。職員が嫌なことはこどもも嫌でしょう。問題は、好んで禁止や命令をするわけではないことです。「保育分野に係る事業分野別指針」では、「経営力の向上の度合いを測るための指標」に平均勤続年数、離職率の２つをあげています。職員が定着しないと、保育の質も安定しません。したいこと・できること・すべきことは、もともと目標としていたやりたい保育ができるように応援することです。

相談事例に対する発展回答

おそらく職員の採用時には志望動機を聞き、定期的に職員面談もしていると思いますが、目に見えづらいやりがいなどは応援が難しかったりします。そして、「義務」が気持ちよく果たせないと、賃金や時間など目に見える「権利」が強調されることになります。その場合、「新・法定三帳簿」を整備するとよいでしょう。①まず「クレド宣誓書」を作ります。守りたいこどもの権利である想い（クレド）を漢字１文字で表現し、イメージの絵を書き添えます。たとえば、「笑」なら、「こどもが笑う権利」を義務として守りたいのです。②次に「ストローク契約書」を作ります。クレドを実現するために「笑顔で挨拶」など、どんなストロークを職務にするかを考えます。③そして「うら帳簿」を作ります。表向きの個人情報とは区別して、マイブーム、好物、得意など、お互いに興味関心があるテーマを立て合って記載します。「新・法定三帳簿」を全職員で共有すると、話がしやすくなりチームワークが充実することになるでしょう。

■組織のノウハウ・ツール「新・法定三帳簿」（図解）

『クレド宣誓書』

こどもに対する私の想いを、漢字１文字で表現する
↓
果たしたい私の義務になる
↓
守りたいこどもの権利になる

『うら帳簿』

労働者名簿にはない、個人情報を開示して、共有する
↓
「知っておいてほしいこと」「弱点」なども検討してみる
↓
お互いを身近に感じる
↓
チームワークの潤滑油になる

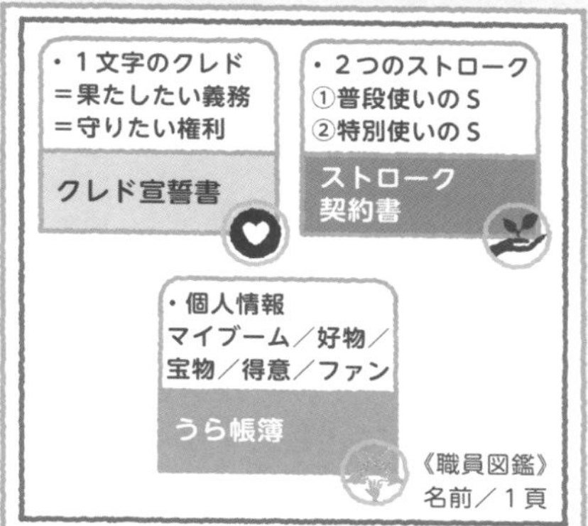

『ストローク契約書』

クレドのために○○をすると契約するところからスタート（質より量）

①普段着（普段使い）のストローク
②オシャレ着（特別使い）のストローク

■組織のノウハウ・ツール「新・法定三帳簿」（参考例）

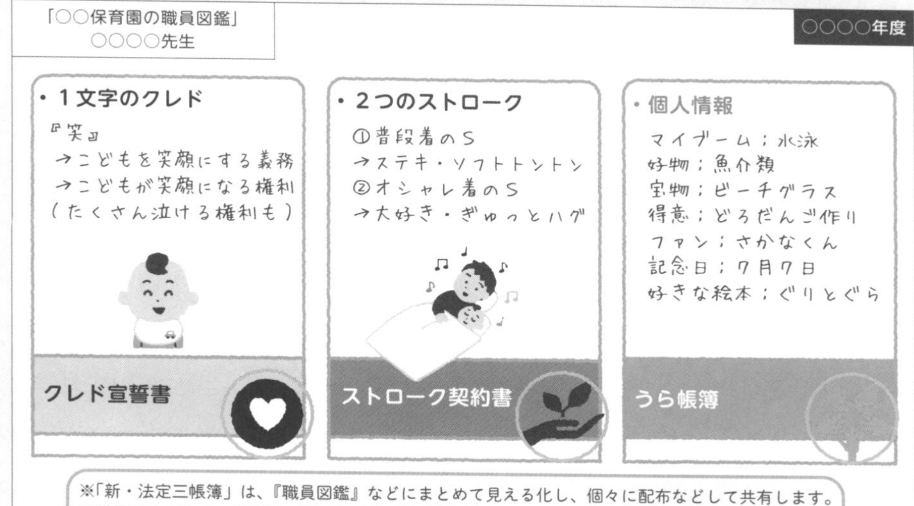

※「新・法定三帳簿」は、『職員図鑑』などにまとめて見える化し、個々に配布などして共有します。
※職員だけでなく、理事長、第三者委員、外部相談窓口など、重要な関係者へも対象者を広げます。
※毎年度、定期改定をします。春・夏・秋・冬の４回で変更点を点検して、随時改定します。

職員の興味関心（interests）に関心がもてることで、チーム全体でこどもの興味関心にも敏感になり、深めたり広げたりしやすくなります。個人の尊厳を保ち、ストローク（心の栄養素）を贈り合うことで、日当たりがよく風通しのよい職場環境となっていきます。

実際の相談事例

クリスマスが近づくと、「いい子」「悪い子」の口ぐせがひどくなる職員がいます。「いい子にしていないと、サンタさん来ないよ〜」「今年はプレゼントないな〜」などと、誰にともなく嘆いています。現場からは、「今年は特にひどくて改善してほしい」という声が出ています。どうすればよいのでしょうか。

相談事例に対する基本回答

『煉獄のクリスマス』（Christmas in Purgatory）という写真集が、世界中に衝撃と自戒を与えました。その写真集では、クリスマスなどなく劣悪な施設で放置されたこどもたちが写し出されています。非日常の世界が日常になるおそれがあることを感じ取れます。業務上、悪いことをしたら、口頭、文書、減給、出勤停止、解雇などの懲罰があります。口頭で注意してダメなら、文書で反省文をもらうようにしましょう。

相談事例に対する発展回答

過去の言動を注意して未来の戒めとするには、解決や改善に必要な納得感がないと効果は弱いでしょう。「○○さんの“△△”が悪い」と、ポイントの「△△」（出来事）にフォーカスして注意します。「罪を憎んで、人を憎まず」のスタンスを一貫しましょう。その型となるのが、時系列に沿った明確な書き方がある「タイムストーリーペーパー」（史実用紙）です。①「過去」（Aワン）の欄は、起こった出来事を「事実ベースの史実」で行為者以外が書きます。４Ｗ１Ｈ（いつ、どこで、誰が、何をして、どうなった）で発生した変化を明らかにし、問題を認識しやすくします。②「未来」（Bツー）では、「こんなこどもの姿が見たい」と語り合い、誰でもよいのでその場で書きます。③「現在」（Cスリー）では、解決策となる行動を対話を通して考え、後で行為者に書かせます。「ワンツースリー」の順番で、「認める・信じる・続ける」を原則にすることが大切です。

■組織のノウハウ・ツール「タイムストーリーペーパー」（図解）

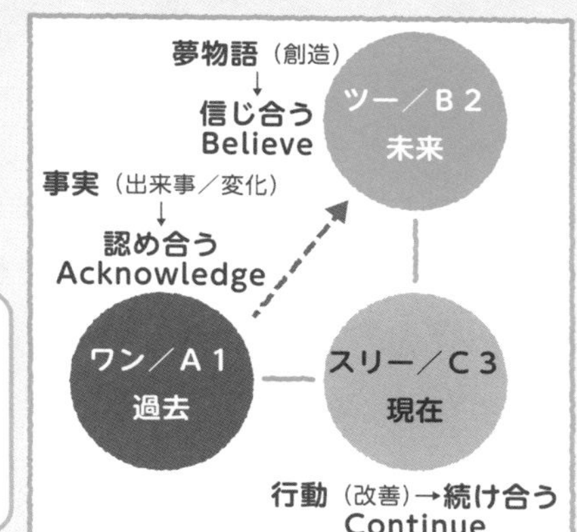

「過去」
=「事実ベース」
①出来事
②出来事による変化
「と感じる」「と思う」といった「解釈ベース」は事実とは区別して寄り添う。

「未来」
=「目標の質」
自分事や他人事でない、「こども事」の目標設定をし、よい悪いの二元論を超えた夢を創造するため、論破や妥協をせず、語り合う。

「現在」
=「転換点」
スモールステップで小さくとも着実な行動を積み重ね、共感、非暴力を前提に、対話により、改善案を一緒に考えて、行い続ける。

■組織のノウハウ・ツール「タイムストーリーペーパー」（参考例）

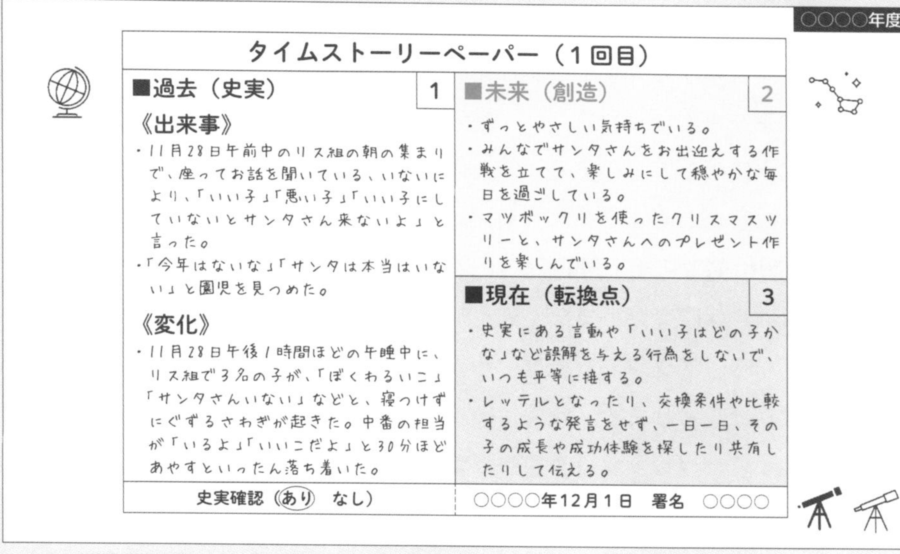

○○○○年度

タイムストーリーペーパー（1回目）

■過去（史実） 1	■未来（創造） 2
《出来事》 ・11月28日午前中のリス組の朝の集まりで、座ってお話を聞いている、いないにより、「いい子」「悪い子」「いい子にしていないとサンタさん来ないよ」と言った。 ・「今年はないな」「サンタは本当はいない」と園児を見つめた。 《変化》 ・11月28日午後1時間ほどの午睡中に、リス組で3名の子が、「ぼくわるいこ」「サンタさんいない」などと、寝つけずにぐずるさわぎが起きた。中番の担当が「いるよ」「いいこだよ」と30分ほどあやすといったん落ち着いた。	・ずっとやさしい気持ちでいる。 ・みんなでサンタさんをお出迎えする作戦を立てて、楽しみにして穏やかな毎日を過ごしている。 ・マツボックリを使ったクリスマスツリーと、サンタさんへのプレゼント作りを楽しんでいる。 ■現在（転換点） 3 ・史実にある言動や「いい子はどの子かな」など誤解を与える行為をしないで、いつも平等に接する。 ・レッテルとなったり、交換条件や比較するような発言をせず、一日一日、その子の成長や成功体験を探したり共有したりして伝える。
史実確認（ありなし）※「あり」に丸印	○○○○年12月1日　署名　○○○○

※「過去（史実）」の欄は、行為者以外が事実を整理して書いておきます。
※「史実確認」の欄は、行為者と事実のすり合わせをします。相違なければ行為者が丸印をつけます。
※「未来（創造）」の欄は、こどもの目線で実現しているように「未来完了形」で一緒に書きます。
※「現在（転換点）」の欄は、一緒に考えて、行為者が拙くとも自分の言葉で書いて、署名します。

過去、現在、そして未来へと事実を積み重ねることで、行為者の人格を疑わずに、一緒に進もうとする道を迷わずに、落ち着いて改善していく流れが生まれます。保育者としての道を踏み外してしまいそうになっても、早めに建設的な軌道修正ができます。

組織で取り組みたいノウハウ・ツール 8

注文の多いほうれんそう窓口

実際の相談事例

保護者支援に苦戦しています。「担任が不適切な発言をした」と苦情が入りました。釈明をするとさらに苦情が入ります。今年度は「午睡が嫌」「担任がこわい」「つねられた」などが理由で、「保育園に行きたくないと言っている」と、不登園の申し出が数件出て保護者間で情報が拡散しました。

相談事例に対する基本回答

苦情解決相談窓口は、大きな注文（苦情など）を受けてからでは、対応が後手になります。日頃から先手で小さな注文（報告・連絡・相談）を聞きましょう。こどもの様子をまんなかにした報・連・相です。たとえば、①遠足前のこどもの様子、②遠足後のこどもの様子、③その他、感想をお聞かせくださいなどと、こどもの育ちに目が向くように保護者アンケートも工夫するとよいでしょう。

相談事例に対する発展回答

相談窓口は、保護者だけでなく職員やこどもからも注文が入るように一本化します。日頃から、スタッフ（職員）が小さな注文をどれだけもらって繁盛させているかで評判は変わります。報告・連絡・相談は、タテヨコの関係を問わず全方位で育てます。ホウレンソウを豊かに育てるには、土壌（仕組みづくり）が必要です。たとえば、葉っぱの絵を書いた「ほうれん草リーフ」を用意して、誰でも書きやすいように、「w」（ほうこく）、「ww」（れんらく）、「www」（そうだん）を選べるようにします。つぶやきや思いつきなど区別しにくい「v」（タネ）、苦情や非常事態などの「x」（スパイス）もメニューに加えます。注文（報告・連絡・相談）を受けたら、「ほうれん草リーフ」に書き込んだりメッセージを残すなどすばやく対応します。たとえば、職員から「お母さんの表情が固いです」と連絡が入れば、「私からも声をかけますね」などと手書きで書いて返します。こどもからも、「ピーマン嫌だ」「ウサギがかいたい」など注文できるようにして、「おはなしききたいな」などと返事をして、相談窓口が話を聞くようにします。

■組織のノウハウ・ツール「注文の多いほうれんそう窓口」（図解）

「運営のポイント」
①日々のホウレンソウが基本
②つぶやきなどタネも大事
③苦情や非常事態のスパイスは、園長、119、110、管轄の自治体に即時、電話する
④園長不在時などに備えて、園長代行を立てておく
⑤「何かあったら」の待ちの窓口ではなく、自ら開店してホウレンソウを作ったり調理して営業する
⑥「こども事」「こどもに影響があること」など、「こどもメイン」になるように目線を合わせる

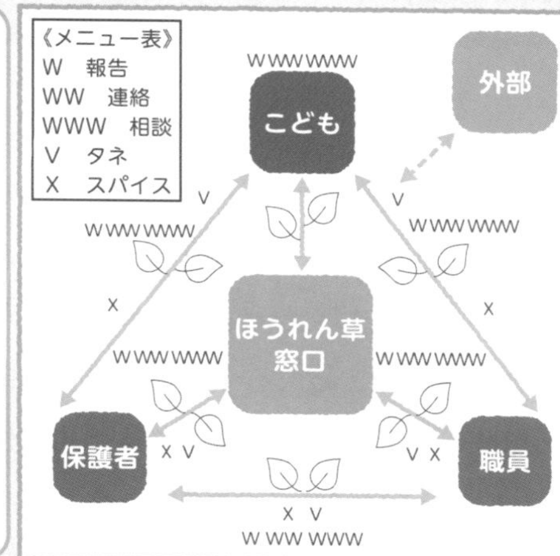

こどもからのホウレンソウを軽視しないで重視する。
（例）
・聞いてほしいこと
・してほしいこと
・ほしいもの
言葉にできないことは、職員が代弁や代筆をする。

外部や第三者とのホウレンソウもうまくする。
（例）
・保育課
・病院、警察、児童相談所
・第三者委員、専門家

※「ほうれんそう窓口」の担当者は、たとえば、園長（店長）や主任（シェフ）以外に、相談しやすいミドルリーダーをおもてなし係として複数名、配置します。

■組織のノウハウ・ツール「注文の多いほうれんそう窓口」（参考例）

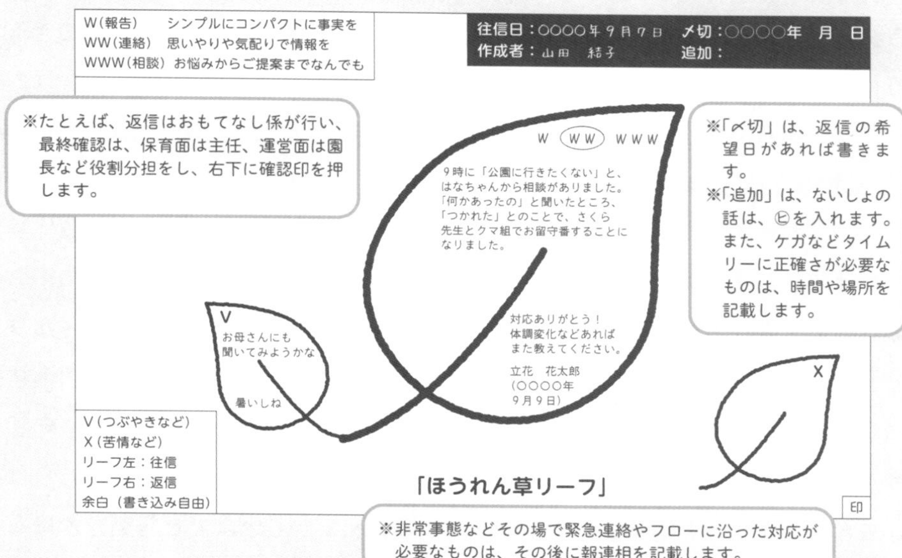

「ホウレンソウ」が多方面から豊かに育ち合うことを意識している職場では、こどもの育ちをみずみずしく実感しやすくなります。多忙感や焦りなどでいっぱいになってしまったときも、ホウレンソウがしっかり共有できる仕組みがあることで基本的な信頼感がたっぷりと満たされます。

実際の相談事例

保育中に時折聞こえてくる「あ〜」「また〜」という声かけが気になります。2歳児さんがコップをバタンと倒すと「あ〜」と声が上がります。こどもたちは「怒られちゃう」とわかるのか、すぐに顔色が変わります。靴下を反対に履いただけで、「また〜」と言います。市の保育課に勧められた人権擁護のチェックリストを使って研修会もしたのですが、相変わらずです。

相談事例に対する基本回答

1回の研修では、なかなか定着はしません（無意識的無能）。また、チェックリストは日々の振り返りの際などに、意識すれば望ましいかかわり方ができるように使うとよいでしょう（有意識的無能から有意識的有能へ）。無意識にできるようになるととても楽になります（無意識的有能）。たとえば、「口癖」「声かけ」の研修会を楽しく定期的に開催するなど、小さな積み上げげを続けるとよいでしょう。

相談事例に対する発展回答

頭で「わかる」より、心から「感じる」ことが近道です。リアルな失敗体験や成功体験は五感で得た情報なので成長につながります。しかし、目の前の子の体験は立場も異なるので、同じ体験にはなりません。そこで「リアル・ロールプレイ」をしましょう。単なるロールプレイではなく、その子になりきって、演技を通してその子の体験を自分の体験としてとらえます（追体験）。たとえば、全国保育士会のセルフチェックリストでは、「朝、母親に抱かれて、なかなか離れられないこどもに「ずっと抱っこしてもらっていると恥ずかしいよ」と言葉をかける」という例が出てきます。これを追体験できるように、母親役、こども役、保育者役を設定します。「望ましくない場面」「望ましい場面」を交互に演じて体感します。その子の「気持ち悪い」「気持ちいい」が感じ取れ（共鳴）、「その子の気持ちがわかる」となります（共感）。言葉、口調、表情、態度、心情などを観察して、徹底的に真似をするなかで、無意識に望ましくなっていきます（共体験）。

■組織のノウハウ・ツール「リアル・ロールプレイ」（図解）

「リアル・ロールプレイ研修会の開催例」１回目

①「人権擁護のためのセルフチェックリスト」（全国保育士会）などから１事例を用意
②役割交代も含めて、１場面１事例 15 分間以内で演技
③イメージをいっぱいにふくらませ、その子になりきる
④すべての役割を演技し終えたら、１場面１事例 15 分間以内で感想やフィードバック

「リアル・ロールプレイ研修会の開催例」２回目以降

①保育者役はリスペクト（尊敬）する人物を心の中でモデリング（真似）をする
②「〇〇さんなら」など自分の心の中で「モデリング質問」をしながら行う
③３回目、４回目と板に付くまで何度も繰り返す
④普段から「シャドーイング」（自主練）をする
⑤視野が広がり、選択肢が増え、望ましい言動が無意識に楽にできるようになる

■組織のノウハウ・ツール「リアル・ロールプレイ」（参考例）

※お互いどう感じたかシェアします（よい点／のびしろ点）。
※様式は１回目と２回目で分けたり、使いやすく工夫可
※このまま研修報告書にするのも可
※２名から誰とでもいつでもどこでも可（せんせい役／こども役）

〇〇〇〇年

実施日／場所：〇〇〇〇年４月15日　13時30分～14時00分　リンゴ組の保育室
参加メンバー：りんご先生　じょん先生　とに先生　すん先生
場面／事例：登園時に、母親に抱かれてなかなか離れられないこどもへの言葉かけ
出典／出所：『人権擁護のためのセルフチェックリスト』（全国保育士会）P４

私のモデリング「さんまさん」

こども役	せんせい役	その他の役（お母さん）
■１回目（感じたこと） ・余計悲しいし帰りたい ・恥ずかしいってどういうことかよくわからない	■１回目（感じたこと） ・ザワザワした ・お母さん早く行って！ ・朝は言いかねない	■・１回目（感じたこと） ・モヤモヤした ・恥ずかしい子じゃない ・先生に迷惑かけてる？
■２回目（感じたこと） ・そうなんだよ！ ・いいでしょ～ ・もうちょっとだけ ・せんせいのだっこは？	■２回目（感じたこと） ・モデリングして「ママの抱っこほんまええな」と目を細めて笑顔で言ってみたら、温かい気持ちになれた	■２回目（感じたこと） ・私がうれしかった ・私もママになったんだ ・おうちでもっとだっこしてあげよう

かんさつ役（第三者の役）
こども役：「お～、ママのだっこ最高やろ」と気持ちをオウム返しで受け止めてから代弁すると安心していた。
せんせい役：「恥ずかしい」と簡単に言うのは、個人的な価値観の押し付けや、固定観念になると思った。
お母さん役：言われてつらいことはつらい気持ちになった。うれしいことはうれしい気持ちになった。

リアルな体験をすることで、こどものように「感性で思考する」ことがイメージできるようになります。また、「よい演技」が自然とできるようになっていき、しんどいときにもこどもの前で笑顔でいるなど、望ましい姿ができます。

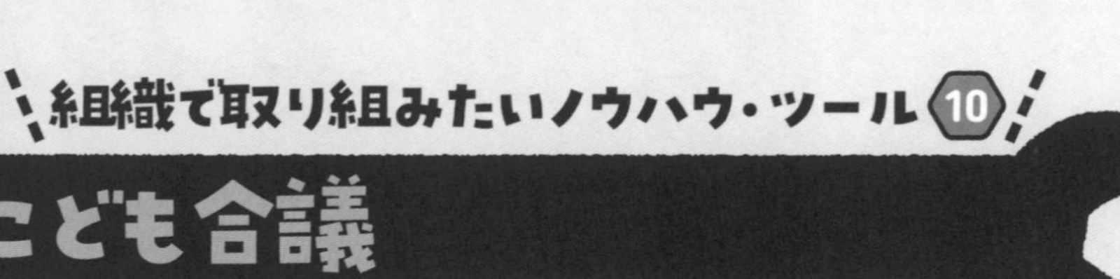

こども合議

実際の相談事例

こどもに「何をして遊びたい？」と聞いても、「疲れた」「遊びたくない」などネガティブな発言を口にしたり、無言や無表情のことも多いです。配慮児もいるので、一斉保育や設定保育には合わないと思い職員会議で話もするのですが、「保護者が反対する」「家庭環境に問題」「先生で態度を変える」など、自分たちの保育内容に話が進んでいきません。

相談事例に対する基本回答

「一斉会議」「設定会議」になっていませんか。職員会議では、議題について意見交換をして、合意を得ようとします。「今日のクラスの様子」などの報告は情報提供であり、必ずしも同じ時間に一堂に集まって聞く必要はなく、タブレットなどでも十分です。発言者の一方的な力関係がはたらく「集まり会議」も同様です。フラットに議題を議論し、多様な意見から気づきを得ようとすることが大切です。

相談事例に対する発展回答

遊びや活動、行事など、こどもに直接関係するあらゆることは、当事者のこどもの意見を３つの場で求めます。①裏方の職員会議は、保育者が建設的に方向づけを行います。上下関係なく、どんな意見も認め合える場にしましょう。②表舞台では、こどもたちによる「こども会議」で自発的な動機づけを行います。保育者はジャッジをしない案内係です。表情や仕草、つぶやきなどから読み取り、こどもが“最も伝えたいこと”をフォローしましょう。たとえば、集団遊びで「A、B、Cがあるよ」「みんなで決めよう」などと話し合うと、「おえかき」など想定にない「D」の意見も出るので、「面白そう」などと選択肢を広げたり、可能性を尊重するのです。結果が「E」となってもよいのです。③外野では、定期的にその子の「こども合議」をします。合議はその子にとって価値ある意味づけをします。その子の代表者（保育者、保護者等）が第三者となり、その子の最善の利益に資するように、今の意欲、育ちの過程、よいことの３点をすり合わせます。

■組織のノウハウ・ツール「こども合議」(図解)

≪こども会議≫
以下に対して「?」と問いかけるなど、聞き役や見守る役に徹し肯定的な動機づけをする。
・よかったこと
・面白いこと
・本当の気持ち
・したい体験・経験

≪職員会議≫
以下の流れで「こどもにとって」を判断基準に優先順位をつけて方向づけをする。
・具体的に何を解決するか
・全員が自分の意見を出す
・全員がコミットする

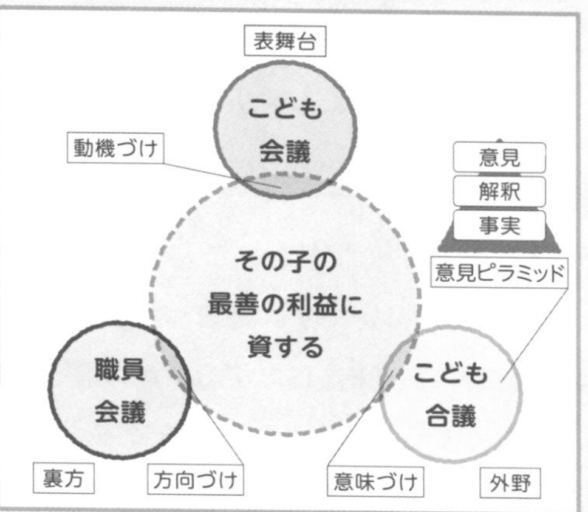

≪こども合議≫
以下をポイントにその子の客観的な第三者となった代表者(例:先生、母)が、意見をすり合わせて意味づけをする。
・今の意欲(興味関心)
・育ちの過程(プロセス)
・よいこと(よかったこと)

≪意見ピラミッド≫
根拠(理由)となる事実から積み上げていく。
①どんな事実があったか
②事実に対してどう思ったか
③どう価値ある意見とするか

■組織のノウハウ・ツール「こども合議」(参考例)

《こども合議》 なまえ:まめたろう くん

○○○○年5月20日

今の意欲(興味関心)
・飲み物を「おかわり!」と元気よく伝えてくれます。
・牛乳やカルピスなど色の白い飲み物が大好きです。

育ちの過程(プロセス)
・満足感を表現することが食の意欲につながっています。
・「これ食べたことある」とときどき教えてくれます。

よいこと(よかったこと)
・「本物のにんじん見せて」と意見をしてくれました。
・「いがいとおいしい」と自分から口にしていました。

《場面》食事《合議者》保育者:あおい 母:みどり

※「場面ごと」に実施するとポイントが絞りやすいです。参考例のようにシンプルに1行メモからでもOKです。
※連絡帳や保護者面談での使用や応用も可です。その際も、あくまで客観的な第三者の視点から意味づけします。
※こどもの様子を観察したりヒアリングをして意見(言葉とならない思いを含む)を聞き、合議した内容はこどもに伝えて反応や意見をもらいます。

こどものことをまんなかに第三者評価をする感覚を身につけることで、こどもの育ちをよりよく見つめ直す機会が生まれます。こどものことを客観視できることで、こどもの育ちの意味や価値を見出しやすくなります。

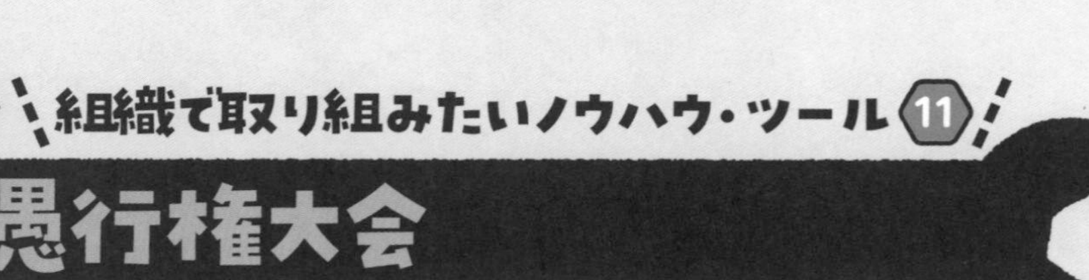

組織で取り組みたいノウハウ・ツール 11

愚行権大会

実際の相談事例

「何でこんなことするの！」などと、こどものすることに注意をしたり悲鳴を上げている保育者が多いです。毎日、ちょっとしたパニックの連続です。たとえば、「泥だんごを味見したがる」「足の裏のにおいを嗅ぎ合う」「せんべいを洗って白くする」など、いろいろです。しかし毎年、多くの行事の準備や練習に追われて、保育者もこどもも余裕がありません。

相談事例に対する基本回答

こどもの行動には一見理解に苦しむものもありますが、すべて意味があります。好奇心の芽を摘んではいけません。保育所保育指針解説（「発達過程」）には、「様々な環境との相互作用により発達」するため、「育つ道筋やその特徴」を踏まえ、「今、この時の現実の姿を、過程の中で捉え、受け止めること」が重要とあります。愚行の尊重は、慣習的な行事より優先してよい根本的業務です。

相談事例に対する発展回答

毎日の喜びや意欲を表現した「愚行権大会」などを企画してはいかがでしょうか。こどもにも「愚行権」があります。行使する際の約束事は、①他人に危害を加えないこと、②自分を破滅させないことです。保育者は想定される「リスク」を、適宜伝えるとよいでしょう。「興味や欲求に基づいて自ら周囲の環境にかかわるという直接的な体験を通して、心身が大きく育っていく時期」が、こども期の特徴です。刺激を受けて気づいたりと、充足感を存分に味わうことが大切です。また、①その子の環境と発達の揺らぎと集団のなかで、②その子の興味関心や好奇心を、③その子のかかわり方の好みのタイプによって、どこまで愚行権を行使・保障できるかの探究は、園の心理的な器の大きさ・広さとなり、今この瞬間の「幸せ感」の取りこぼしが減ります。一見、大人が困るような「愚行権」の行使を、ぐっとこらえてぎりぎりまで保障することも考えてみてよいと思います。

■組織のノウハウ・ツール「愚行権大会」(図解)

≪わたしの愚行権≫
「愚行権トライアングル」の中にあります
・今夢中の興味関心
・環境・発達の変化やゆらぎ
・かかわり方のタイプ・好み

≪あなたの愚行権≫
みんなにも愚行権があります
以下２点がポイントです
・相手に危害を加えない
・自分が破滅しない

≪保育者の役割・義務≫
適宜、リスク情報を伝える
(こどもの「知る権利」)

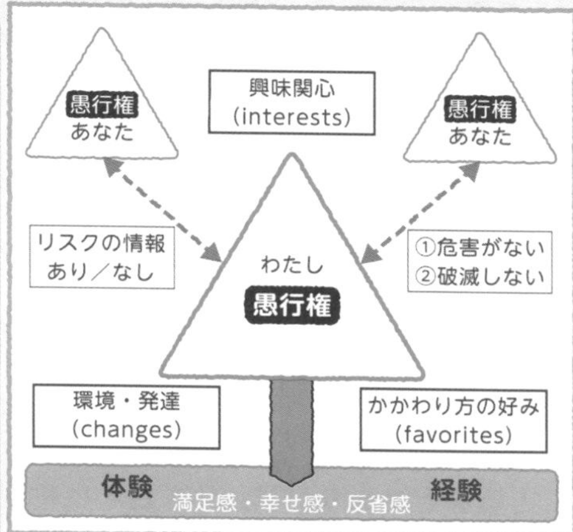

≪愚行権の行使≫
愚行権を行使できると、主に以下３つの感覚が得られます
・満足感(遊んだ)
・幸せ感(幸せだ)
・反省感(気づけた)

≪愚行権の尊重≫
自分の愚行権が尊重されると、相手の愚行権も尊重できるようになり、豊かな体験・経験や、やさしい社会の土壌となり、以下２つのスキルも磨かれます。
・セルフコントロール
・つながるスキル

■組織のノウハウ・ツール「愚行権大会」(参考例)

≪愚行権大会≫　「おバカなこと、アホなこと、楽しみました。」

生活面	遊び面
他の子のハナクソをとってあげて食べた	せんべいを洗って白くして自画像を描いた
くさいくさいと足の裏のにおいを嗅ぎ合った	おでこに折り紙のちょうちょを貼って、お迎えが来るまであちこち飛び回った
お気に入りのズボンを前後ろにして、ポケットを前にして履いた	体中にチラシを巻きつけて、スーパーマンに変身
給食に出てきた苦手な食べ物を、こっそり床に捨ててみた	ミミズをたくさん集めて、頭に乗せて髪の毛にして「ミミズヘアー」
服をまくって自分のお腹をぽんぽんして、他児に自慢して見せてゲラゲラ笑った	発泡スチロールで雪を作り、破片が拡散遊ぶ時間より掃除の時間が長くなった
座っていて暇になったので自分の膝を舐めてみた	カマキリを正面から捕まえて、カマで攻撃されてしまった
せんせいのまねで、寝た子の午睡チェックをするも、体を強く押して起こしてしまう	大きい水たまりを何度も横断全身ビチョビチョ、ドロドロで笑顔
おしっこは出なくとも、座り心地の良いおまるに座り続ける	泥だんごの味見
集会でみんなで季節の歌を歌い終わった気分が良くなって、１人で歌い続けた	靴下にひたすら砂を入れて遊ぶ

○○○○年10月

※「その子」か「その子の立場になった保育者」が発表します。笑いやインパクトの大きかった愚行に、「お見事シール」を貼ります。適宜、家での愚行もシェアしてもらい、心配したりせず、微笑ましく讃え合い笑い合います。
※「愚行権の行使者」である本人(こども)の許可がない場合は、名前を開示しません。集団のなかで楽しみます。

その瞬間は「バカみたい」と思われることを体験・経験するからこそ、見える育ちがあることに気づかされます。すると、保育や子育てが気軽に面白がれるようになり、こどもののびのびとした感性や想像力、行動力などをリスペクトできるようになります。

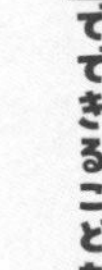

こどもの権利規程

実際の相談事例

「女児が立ってオシッコするのを放置した」として、始末書を書いて改善するように言われました。納得がいかず理由を聞いたところ、「就業規則に書いてある」「服務規律や懲戒の欄を読んでください」と言われました。実際に就業規則に目を通してみたのですが、「不適切な指導または疑われる行為を行わないこと」などとあり、具体的なことは書かれていません。

相談事例に対する基本回答

ルールがあるのに、「知らない」「見たことはあるがよく覚えていない」などというのは、もったいないです。就業規則は、定期的に改定・周知されるもので、職員の誰もが読める職場のルールを定めたものです。お互いの「目線合わせ」が不適切指導やトラブル予防に必要です。

相談事例に対する発展回答

保育者の義務がわかるように、就業規則をアップデートしてみましょう。具体的には、「こどもの権利規程」を整備する改善案の作成です。就業規則は、本則（本規程）と付則（別規程）がありますが、別規程として独立させて、同僚間で考え合って言語化してみましょう。こどもにも説明できるくらいシンプルな言葉でよく、こまめに改定するのが実用的です。たとえば、「こどもの権利を侵害する不適切な指導は行ってはならない」とあっても、当事者の理解が伴わないと「絵に描いた餅」です。「大人から見たときに、おかしいと思ったことは、こどもにしないし、させないし、そのままにしない」などと、「対話ができる材料・体制」が強固となるよう身近な内容としていきます。具体的な例を列挙するのもよいでしょう。作り方としては、第１条「目的」、第２条「こどもの権利」、第３条「職員の義務」、第４条「不適切な関与」、第５条「緊急時の対応」、第６条「日々の取り組み」などと続けます。全職員がスイス・チーズモデルの「チーズ役」となり注意するなど、統制機能も自信をもって発動できるようになります。

■組織のノウハウ・ツール「こどもの権利規程」（図解）

≪無意識の穴≫
施策を講じていても、講じたままであれば、「無意識の穴」は大きくなっていきます。
↓
すべて貫通されてしまえば、不適切な保育につながります。

≪思考の穴≫
職員一人ひとりが思い込みで考えていると、盲点が埋まらず「思考の穴」ができます。
↓
考え合い規程にまとめ続けると統制機能となり、自浄作用・牽制機能が回復します。

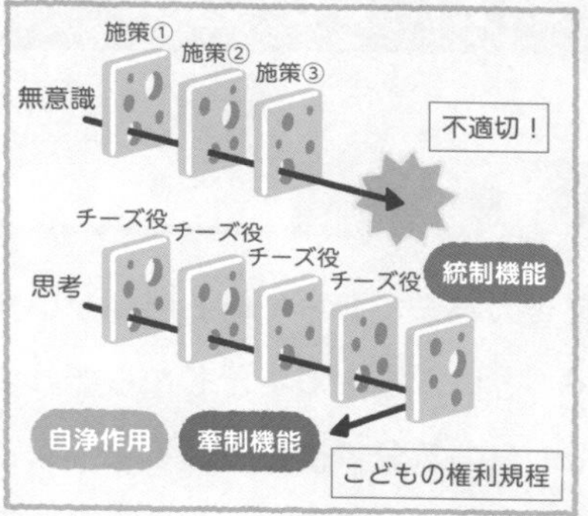

≪ストローモデル≫
ストローにモノが詰まっていても、勢いよく空気を吹くと貫通します。問題はどちらの空気を吹き込んでいるかです。
・不適切をスルーする空気
・こどもの権利を考える空気

≪こどもの権利規程≫
強い統制機能となります。毎回更新して周知徹底します。自分でキレイになり、お互いチェックし合い、全員が「チーズ役」となれば、こどもの権利を考える空気が流れます。

■組織のノウハウ・ツール「こどもの権利規程」（参考例）

〇〇〇〇年10月改定
「Ａ３手作り版」

おむすび保育園
「こどもの権利規程」

①	（目的） こどもの権利を大切にし、こどもが権利で幸せをにぎる
②	（こどもの権利）１）いろいろなカタチの意見　２）遊びこむ ３）愚行をする　４）お一人になる　５）黙秘する　等
③	（保育者の義務）１）意見の観察・傾聴　２）選択的環境 ３）意欲重視　４）笑顔の安全基地　５）発達理解　等
④	（不適切な関与）１）意見軽視　２）一方通行　３）脅し ４）ダメ出し・否定　５）置き去り　６）非参画　等
⑤	（緊急時の対応）１）素直に謝罪　２）介入・中断・隔離 ３）フォロー要請　４）通報　５）面談　６）反省文　等
⑥	（日々の取り組み）１）権利の自己評価　２）対話重視 ３）権利研修　４）準遵反者講習　５）規程改定　等
⑦	（その他）１）こどもの権利条約　２）指針・ガイドライン ３）保育マニュアル　４）園のルールおよび法令に準じる

※「その他、別紙の国のガイドラインに準じる」などと補足しておくと、ガイドラインの周知にもつながります。
※「園の保育マニュアル」（おむつ等）がある場合は、上記と同様に補足し、マニュアルと連動して運用します。
※「重要事項説明書」などに、保護者にも理解してもらいたい箇所を転記し、丁寧に説明をしてグリップします。

こどもの権利が書いてあるものとして就業規則が身近なものになると、保育者の義務がよくわかり、保育者の権利もお互いに尊重できるようになります。「みんながわかるルールにしていこう」と軽視や放置をしない姿勢は、こどもを軽視しない姿勢につながります。

こどもまんなか自己評価

実際の相談事例

こどもの話を保育者の都合で遮っている職員がいます。それでも話が続くと、“わかったから”という様子でこどもから離れていきます。忙しいのはわかりますが、その日の気分で接しているようなときもあり、自分で気づいてもらいたいです。主任に相談したところ、「自己評価をすればよいのでは？」と言われたのですが、正直どれがその項目になるかわかりません。

相談事例に対する基本回答

自己評価は、よさと課題（のびしろ）がわかり、次につながる有意義なものです。具体的な観点や項目は、折に触れて見直します。「課題の重点化」も大切です。たとえば、保育所における自己評価ガイドラインでも「こどもの人権への配慮と一人ひとりの人格の尊重」の観点から、「こどもの思いや願いを受け止める」など例示があります。こどもの権利を重点的に評価項目に設定するとよいでしょう。

相談事例に対する発展回答

こどもの権利に関する自己評価は、保育者の肌感覚から新たにつくるとよいです。現場感覚の伴う評価項目となり、話し合いもしやすくなります。「人権擁護をしている」などと抽象度が高いと、「当たり前だ」「大体そうだ」などと一面的な自己判断に陥りやすいです。多面的な「こどもまんなか判断」を日頃、意識できるようにします。具体的には、①こどもの権利にかかわる８点の評価項目の例示（自己評価ガイドライン）、②こどもの権利条約などを参照して、特に大切にしたい内容を話し合います。たとえば、リーダーが中心になり、「こどもの権利を考えたい」などと目的を伝えて全職員から意見を募集します。「一人１個考えよう」「全部で10個つくってみよう」などとスモールステップで始めます。運用する際は、たとえば、手応えのあった「◎」を１つ、がんばって意識した「○」を１つ、見落としがちだった「△」を１つ、各自が選択してコメントを添えます。そして、集計して、園全体の自己評価として次につなげます。

■組織のノウハウ・ツール「こどもまんなか自己評価」（図解）

≪７Ｃチャイルドレインボー≫
「７つのＣ」で、こどもの権利をまんなかに自己評価をすることで、こどもに虹を架けます

≪１Ｃ：Conversation≫
こどもの権利に関する評価項目の材料を集めて、話し合います

≪２Ｃ：Choice≫
今、特に大切にしたい評価項目を選択してわかる言葉にします

≪３Ｃ：Commit≫
評価項目を頭の片隅に意識しながら、日常保育に取り組みます

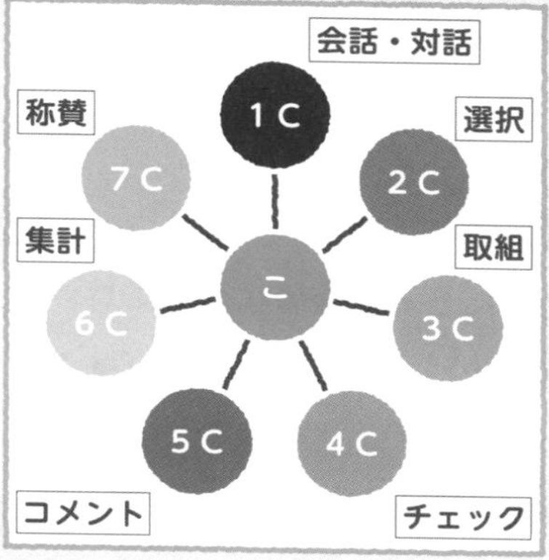

≪４Ｃ：Check≫
◎○△を一つずつなど、メリハリをつけて自己評価します

≪５Ｃ：Comment≫
自分評価にコメントを添え、適宜、他者からチェックやコメントをもらいます

≪６Ｃ：Count≫
全職員の自己評価チェックを数えて集計します

≪７Ｃ：Compliment≫
がんばりや改善点を称賛し、次へ向けて賛辞を述べます

■組織のノウハウ・ツール「こどもまんなか自己評価」（参考例）

	重点	こどもの権利に関する評価項目（ver１_spring）	コメント（summer）	自己	他者
こどもの権利条約	①	こどもの意見（views）や興味関心（interests）を、さまざまなサインから読み取ろうとしている	自己）目をよく観た 他者）眼差しが柔かい	◎	
	2	こどもが夢中になって遊び込めるように、選択できる環境を設定し、可能性を広げている			
	3	こどもが安心して食べたり休んだり過ごせるよう、ねらいよりもその子の意欲を優先している			
	4	その子の日々の変化や発達を理解し、その子の育ちを保護者とも分かち合っている	他者）親が育っている！		◎
	⑤	こどもに対して、こどもの権利があることを、こどもがわかるように教えている	自己）絵本を作った 他者）反応よかったね	○	
自己評価ガイドライン等	6	こどもは権利の主体だと理解し、自分の価値観や言動を振り返っている			
	⑦	こどもの話や今の思いや願いを遮らず、温かく受け止めるようにしている	自己）急かしてしまった 他者）うなずきから～	△	
	8	こどもの権利を考え学ぶ機会があり、普段から話題にしている	他者）こども事にしてた		○
	9	こどもたちが興味関心や多様性を、認め合える体験・経験を得られるようにしている	他者）もっとできる♪		△
	10	こどもが発達差や性差による劣等感や差別感を味わうことがないようにしている			

※春に「重点」を３つ選択して目標設定し、夏に自己評価（コメント＆チェック）する、年４回のパターンです。
※他者（同僚等）が、①本人のコメントへフィードバック、②他者評価（コメント＆チェック）するタイプです。
※「こども大綱」「保育指針解説」などから、職員間で評価項目を話し合い、言葉にすることもおススメです。

監査などのために“させられる自己評価”ではなく、こどもや自分のために“してみたい自己評価”になります。「自己評価をしないと不安だよね」「他者評価があるとより安心だね」などと実感が生まれるようになり、こどもを見る目が育まれていきます。

組織で取り組みたいノウハウ・ツール 14

こどもそとがわチェックリスト

実際の相談事例

こどもが真剣に話したり一生懸命な行動に対して、茶化すように真似をする職員がいます。見かねて注意をしたら、「すみません、寝不足で」とトンチンカンな返事が返ってきました。「この子はそれを喜ぶ子ですから」と言い訳をされたときは、許せない気持ちになりました。他園や監査の際に相談すると、「チェックリストを活用するとよい」と言われたのですが、具体的にどうすればよいでしょうか。

相談事例に対する基本回答

たとえば、全国保育士会の人権擁護のためのセルフチェックリストは、「こども置き去りの保育」「保育者都合の保育」を自己点検し、こどもの人権や権利を尊重するために取り組むことができます。「よくないと考えられる５つのかかわり」を「１日の５つの流れとその他」で例示もあり、エクセル集計やレーダーチャートで可視化できるなどの優れものです。使い方次第で類推もできるようになります。

相談事例に対する発展回答

こどもの安全・安心を確保するため、対話する時間は確保しましょう。そこで活用したいのは全国保育士会や自治体などのチェックリストです。なかには、「前にやった」などと言う職員がいるかもしれませんが、それらを参考にして、園独自のチェックリストを作って点検するとよいでしょう。具体的には、①「その子だったら」「その子の保護者だったら」「その子の先生だったら」の３点から振り返り、保育中のよくないと想像できる出来事を一人１つずつあげていきます。②人格の非尊重、強要・脅迫、罰・乱暴、育ちや家庭環境の非考慮、差別的の５区分ではどこに該当するのか考え、仕分けをしてチェックリストを作成します。③自分がこどもだったらいやだと感じるものを３つチェックし、④チェックされた項目について、「私たちはどうすればよいか」を話し合って書き出していきます。定期的に行い、行為を指摘しても人格は否定しないことです。心理的安全性が出てくると、園内の出来事でも面と向かって対話できるようになります。

■組織のノウハウ・ツール「こどもそとがわチェックリスト」（図解）

≪安全基地≫
こどもとの3つの機能（安全・安心・探索）で、こどもが遊びや生活のなかで「安心と挑戦のサイクル」を回転させることができ、こどもの「愛着形成」に不可欠な心の基地（心理的ベース）です。

↓

最も身近な「第1の安全基地」はいえのおやです。日中など「第2の安全基地」はえんのせんせいです。こどもの心を守り育てるため、専門的に補完し合うことができます。

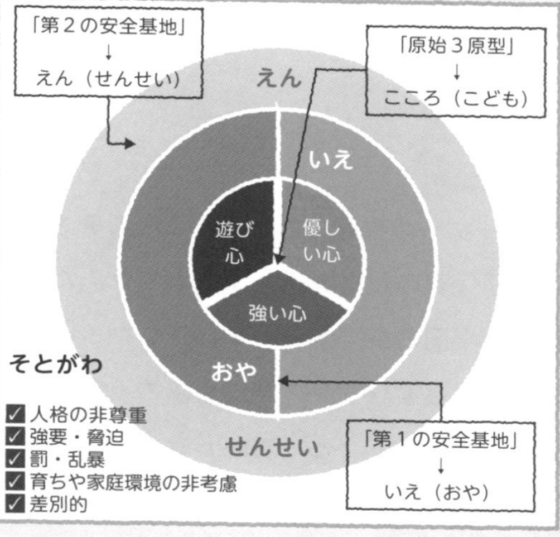

≪原始3原型≫
生まれながらにもっている、3つのこころのエネルギーです。「こころの芯」となるものです。どのこころも存分に発揮し、場面に応じてバランスを調整しながら、今や現在をよりよく「生きる心」となります。

≪そとがわ≫
安全基地の内側で、不適切な養育や保育があると、こどもは逃げ場がなく、本来の力が発揮できません。こどもに影響のない外側でチェックし合うことが必要です。

■組織のノウハウ・ツール「こどもそとがわチェックリスト」（参考例）

区分	場面	そとがわ（カナシミ・イタミ）	私	こ	うちがわ（ヨロコビ）へ
人格非尊重	着脱	業務的・作業的に、言葉をかけずに、無言でおむつ替えや着替えをする		2	目と声で、必ず「同意か合意か」をとってからする
	散歩	荷物のようにお散歩カートに入れ下ろしたり、クレーンのように持ち上げて強制連行する			発達や環境を考えて「サポート」に徹する
強要・脅迫	給食	「ひと口」「あとひと口だけ」の約束を守らず、「もうそろそろいい」と思うまで続く		3	「信じて見守る」「五角形ヒトデ型指導」をする
	午睡	「寝ないとオニがくる」とオニの話を持ち出すなど、その子がこわがることで言い聞かせる			心に「ストローク」を入れて安心させる
罰・乱暴	遊び	「もう遊ばせないよ」と夢中で遊んでいる遊びを中断しないと、おもちゃを取り上げる	2		「小さな感動」を感じて伝え、意欲をつぶさない
	午睡	コミュニケーションの好みに合わせず、「力加減の強いトントン」「バンバン」をする			「意見表明権」を意識し、選択できるようにする
育ち非考慮	活動	「もう泣かない」「泣くんじゃない」「赤ちゃんじゃない」と、泣くことを否定する		1	「ソラ思考」で共感し、泣けてよかったと考える
	送迎	こどもの前で家庭環境の心配をしたり、親の前で「ナイショにしてほしい」ことをチクる	1		「お話の構造」のどの話なのか、意味を考える
差別的	活動	お気に入りの子を作り、ほかの子の興味関心は知らず、呼び捨て、勝手な呼び方など、雑い	3		名前の由来を聞き「ホット」する呼び方をする
	遊び	「そこでして」などと、自分の気分、疲れ、感情により、その子の遊びを制限する			こどもに「報告」し、同僚に「相談」する

※「そとがわ」のチェックリストは、慣れるまで「犯人捜し」とならないよう「外のニュース」でもよいです。
※「私」「こ」は、私や同僚がこどもなら、特に悲しいと感じる項目を3段階の数値で「重み付け」しています。
※「うちがわ」は、「こどもまんなか」に「喜び」へと転換するために話し合い、私たちの言葉で書くとよいです。

こどもから見たときに、先生にやってほしくない「外側のこと」に気づくことができます。先生が「外側」を点検することで、こどもから見たときに「内側（喜びなど）のこと」にするにはどうしたらよいか、振り返りができるようになります。

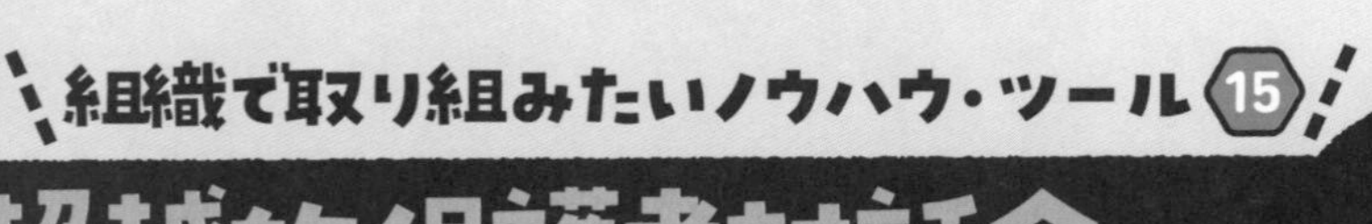

組織で取り組みたいノウハウ・ツール 15

超越的保護者対話会

実際の相談事例

保護者がICレコーダーの録音をもとに、「こどもを人間扱いしていない」などと、園に不適切保育の疑いを訴えてきました。たとえば、こども同士がぶつかって騒いだ場面の音声が入っていました。「臭い」「汚い」なども音声が入っていて、保護者説明会の開催を求められています。行政にもすでに連絡済みということです。どう対応したらよいでしょう。

相談事例に対する基本回答

非常時・緊急時の対応は、初動のスピード感と基本の段取りが大切です。「そんなつもりはなかったです」などという釈明より謝罪から始めましょう。「不快な気持ちにさせた」「心配をかけた」など、「心もちの面」にお詫びをします。行政とも連携をして、現状報告を都度行います。また、スクリプト（台本）を用意するとよいでしょう。事情聴取、現場検証、調査報告書など協力し合って進め、第三者委員会も交えるなど園の課題をとらえ、自園の保育を見直す機会にしましょう。

相談事例に対する発展回答

保育者は現場での葛藤や困難があり、保護者は目の届かない園の出来事に心配や憤りを募らせます。それぞれの立場で「正しさ」を求めるとこじれたり長引いたりして、解決がみえなくなります。ガルトゥング（Galtung, J. V.）は、コンフリクト（対立）の解決策には、①Aが勝つ、②Bが勝つ、③妥協点を探す、④決裂する、⑤超越する、の５つがあるとしています。保育者と保護者が立場をフラットにして対話をし、⑤の超越する案を創造できるとよいでしょう。たとえば、保育理念・方針を、保育者主導（させる保育）から「こどもも主導」（満たす保育）に再構築します。園の事業計画に「こどもの権利教育」の計画を盛り込み、保護者説明会で重点的な取り組みを対話して協働します。保護者アンケートでは、「○○会では、どんなところに育ちが見えましたか」などとこどもの育ちを中心に伺い、喜び合えるようにします。保護者の意見は、「園の課題」「家の課題」と課題の分離をして、園の課題に真摯に向き合うようにします。

■組織のノウハウ・ツール「超越的保護者対話会」

≪対立≫
保護者は、本来は協働的パートナーでも、「利用者」の側面が強く出ると対立しやすいです。
保育者は、保育の専門家ですが、不適切な関与が疑われたりなどすると対立しやすいです。
≪妥協≫
言われるがままにしたり、されたりと妥協するということは、後々に決裂につながりかねず、目指す目標でもありません。
≪超越≫
こどもの権利が最大に発揮された目標を想像し、こどもの権利と、大人の義務と権利を発揮することで、未来を創造します。

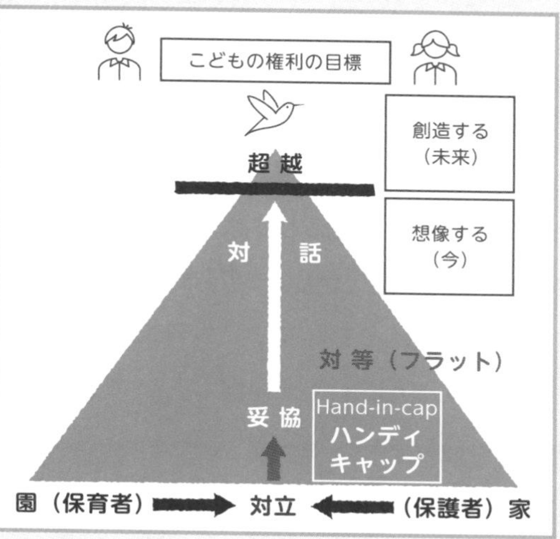

≪ハンディキャップ≫
「段差」をなくし、公平に対等にするのが語源です。「対話」が成り立つ土台になります。立場を超えて壁を越える「超越」をするには対話が不可欠です。

保護者はプロではなく、理解に段差があります。そのため、①情報的サポート（発達等）、②道具的サポート（養護、教育等）、③情緒的サポート（気持ちの支え、喜び等）をします。
保育者は家でのこどもの育ちや様子を、保護者から得ることで段差をなくします。

■組織のノウハウ・ツール「超越的保護者対話会」（参考例）

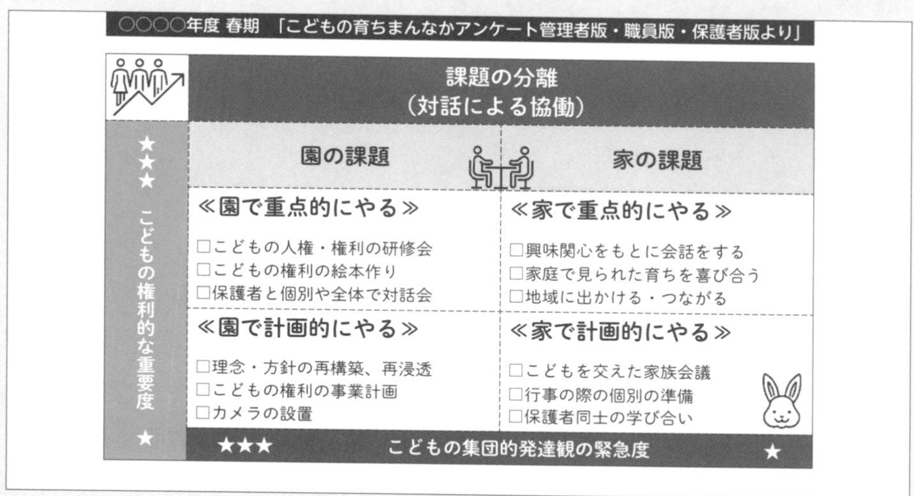

※一方的になりやすい「説明会」は双方向的な「対話会」になるように、こどもの育ちをもとに意見を聴きます。
※日々、目線を合わせようとしながら、こどもの権利、発達、環境、興味関心など、気軽に意見交換をします。
※「課題の分離」をし、「園（保育者）の課題」に真摯に向き合い、「家（保護者）の課題」に寄り添います。

保育者も保護者も、保育施設も家庭も、立場の違いによる溝を飛び越えて、こどもにとってよいことの一点を突き詰めて考える習慣が身についていきます。こどもから見られたときに、どちらも大切な人や場所であることがわかり、尊重し合い協力関係が生まれます。

声かけ・言い方研修会

実際の相談事例

自分の声かけに自信がありません。年長クラスを担当しているのですが、泣き続けるこどもにどう対応してよいかわかりません。周りに聞いても、「こどもは泣くのが仕事だから」「自分の考えでいい」などとみんな忙しく、私だけ一人で落ち込んでいます。保育に正解はないのはわかっていますが、できるだけ考え込まずに仕事がしたいです。

相談事例に対する基本回答

「大丈夫？」「悲しい？」などと、こども同士で声をかけ合う場面があります。こどもたちは集団のなかで集団で発達していきます（集団的発達観）。保育所保育指針解説では、状況に応じた適切な「言い方」があると気づくように、保育者が具体的なかかわり方の見本を実際に言ってみたりして示すことに触れています。同僚と「声かけ」「言い方」を「一緒に」「交換こ」「半分こ」する機会を設け、言葉を磨いていきましょう。

相談事例に対する発展回答

「声かけ」「言い方」は個人のくせと片づけず、磨き続けることが大切です。研修の機会は、専門性・同僚性・組織性の面からも必要ですし、短時間でも実施できる園内研修は有効なため、「声かけ・言い方」の研修会を企画するとよいでしょう。まずはパターン（場面）に応じたテンプレート（ひな型）を用意します。たとえば、泣いている子に声をかけるときに、「何で泣いているの？」より効果的な声かけが見つかるかもしれません。①よいと思う声かけを集めます。「どうしたの？」「大切な○○ちゃんがピンチ」などと出てきます。声かけ・言い方のルールを決めておいてもよいでしょう。②「モデルとしてよさそう」と思ったらテンプレートに加えて、③「守破離」をします。手応えのあった応答を取り入れるプロセスを繰り返すことで、最初は決まり文句でも、「こういうときはこう」などと、臨機応変にこどもたちの気持ちに向き合う「引き出し」が増えていきます。

■組織のノウハウ・ツール「声かけ・言い方研修会」

≪パターン≫
どんな状況なのか観察します。研修会では状況を設定します。
↓
本番は、その子のサインをよく観察し、①シチュエーションを見定め、②コミュニケーションの好みを加味します。

≪守破離≫
無意識にできるまで、繰り返し練習が必要です。ぎこちなくとも型を守り、見守ります。その子とのやりとりに合わせて型を破り、こども主導でオリジナルの工夫が生まれ型を離れます。

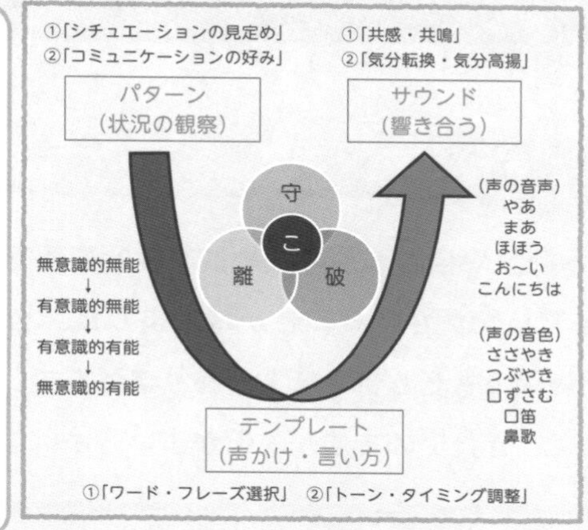

≪テンプレート≫
声かけ（セリフ）と言い方（音色）の「型」です。同僚間で非言語の表現も含めて磨き合い、「引き出し」を増やします。
↓
本番では、反射的・即興的に、その子が心地よい①ワード・フレーズの選択をし、②トーン・タイミングの調整をします。

≪サウンド≫
その子に伝わると、①共感や共鳴が生まれ、②気分転換や気分高揚が、ムリなくできます。

■組織のノウハウ・ツール「声かけ・言い方研修会」（参考例）

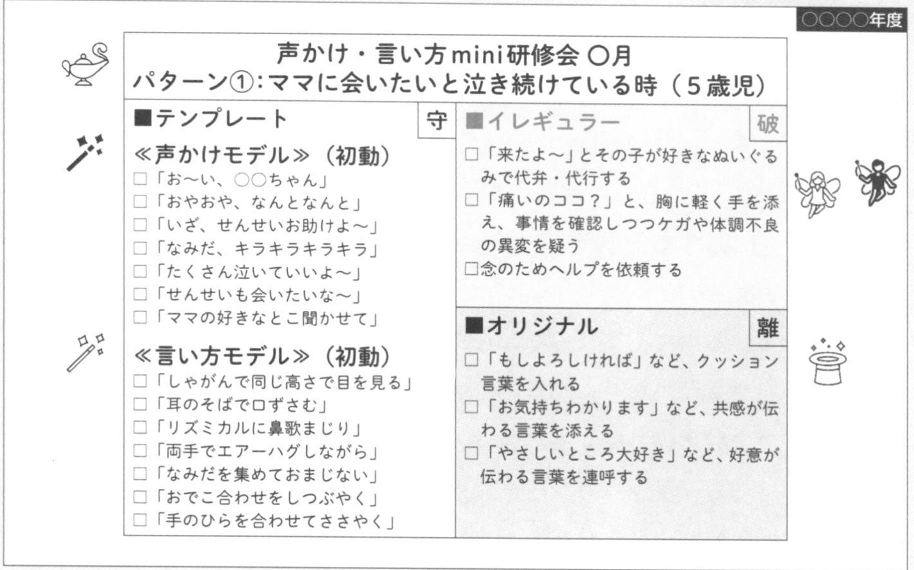

○○○○年度

声かけ・言い方mini研修会 ○月
パターン①：ママに会いたいと泣き続けている時（５歳児）

■テンプレート 守

≪声かけモデル≫（初動）
- □「お〜い、○○ちゃん」
- □「おやおや、なんとなんと」
- □「いざ、せんせいお助けよ〜」
- □「なみだ、キラキラキラキラ」
- □「たくさん泣いていいよ〜」
- □「せんせいも会いたいな〜」
- □「ママの好きなとこ聞かせて」

≪言い方モデル≫（初動）
- □「しゃがんで同じ高さで目を見る」
- □「耳のそばで口ずさむ」
- □「リズミカルに鼻歌まじり」
- □「両手でエアーハグしながら」
- □「なみだを集めておまじない」
- □「おでこ合わせをしつぶやく」
- □「手のひらを合わせてささやく」

■イレギュラー 破
- □「来たよ〜」とその子が好きなぬいぐるみで代弁・代行する
- □「痛いのココ？」と、胸に軽く手を添え、事情を確認しつつケガや体調不良の異変を疑う
- □念のためヘルプを依頼する

■オリジナル 離
- □「もしよろしければ」など、クッション言葉を入れる
- □「お気持ちわかります」など、共感が伝わる言葉を添える
- □「やさしいところ大好き」など、好意が伝わる言葉を連呼する

※「テンプレート」は、こう言うかな、見ていてよかった、などと話し合い、特にいいなと思う初動を集めます。
※「イレギュラー」は、応答するなかで思った変化が表れなかったときなど、チームで対応することも想定します。
※「オリジナル」は、自分なりの「味付け」で、その子のペース、距離感、変化を見逃さずに工夫していきます。

こどものサインの表明を見落としにくくなります。基本型があるから「どうしたの？」とどんな場面でも応答的に寄り添うことができます。「どうしたい？」と共感的に気持ちを聞くゆとりも生まれ、「何かお手伝いできることある？」と手を差し伸べられます。

組織で取り組みたいノウハウ・ツール 17

こどもの権利の絵本作り教室

実際の相談事例

「こどもの人権擁護や権利尊重のために具体的に何をしているのか」などと外部からヒアリングされることが増えました。当たり前のことだと思っていて、職員間でも話し合うことがありませんでした。保護者や地域とも一緒に考えていきたいのですが、何かよい方法はないでしょうか。

相談事例に対する基本回答

「こどもの権利」は、大人の権利より「ハンディキャップ」があると理解し、大切にします。権利は英語ではライト（right）であり「正しさ」ですが、大人の正しさが優先されやすいからです。「たくさんの小さな正しさ」（rights）がないがしろにされると、こどもはのびのびと存在を発揮できず輝きを失います。日々の保育のなかで、「こどもの権利」を学び合う「権利教育」をしましょう。

相談事例に対する発展回答

「こどもの権利の絵本作り」をしてみましょう。保育者もこどもも絵本には日常的に触れているので、楽しみながら取り組んでくれます。こどもにとって、親しみやすい絵や言葉になり、職員間でもこども観が共通認識できる機会となります。グループで絵本作りをする場合は、対話を大切に創造していきます。チーム作りの理論である「タックマンモデル」の４段階を参考に流れを解説します。①チーム形成期：対話の質より量を意識して、声の小さい職員の声も聞こうとします。②チーム混乱期：思い思いの声が出ると収拾がつかなくなります。「思い」「意図」を聞いて量から質へ転換を図ります。③チーム統一期：合意形成を目指します。妥協や論破はせずに対話を深めます。④チーム機能期：よいところを見つけたり、認めたり、相互承認をしやすくなります。園だよりで紹介したり、絵本コーナーで「先生おすすめの絵本」として紹介してみましょう。地域の図書館に持っていってもよいでしょう。家庭や地域を交えて「こどもの権利の絵本作り教室」を主催することもおすすめです。

■組織のノウハウ・ツール「こどもの権利の絵本作り教室」

≪表紙≫
1ページ目は、「タイトル」と「作者」を書きます。

≪裏表紙≫
8ページ目は、「おしまい」にしたりなど、自由です。

≪台割≫
表紙と裏表紙を除くと、全部で6場面です。ラフ（下書き）を割り付けします。2ページ目から7ページ目まで、6ページで「こどものけんり」を中心に、メモして構成を考えてみます。

≪ポイント≫
私や同僚など大人だけでなく、こどもがわかる、こどもに伝わることが大切です。こどもも読むことを想定します。ですからたとえば、ひらがなや短文で表記します。絵もマジックなどで、はっきりと描きます。

≪使い方≫
こどもに読み聞かせてみて、その反応を観察しましょう。こどもが真の「審査員」です。保護者や地域にこどもの権利を広報し、シェアするのも有効です。

■組織のノウハウ・ツール「こどもの権利の絵本作り教室」（参考例）

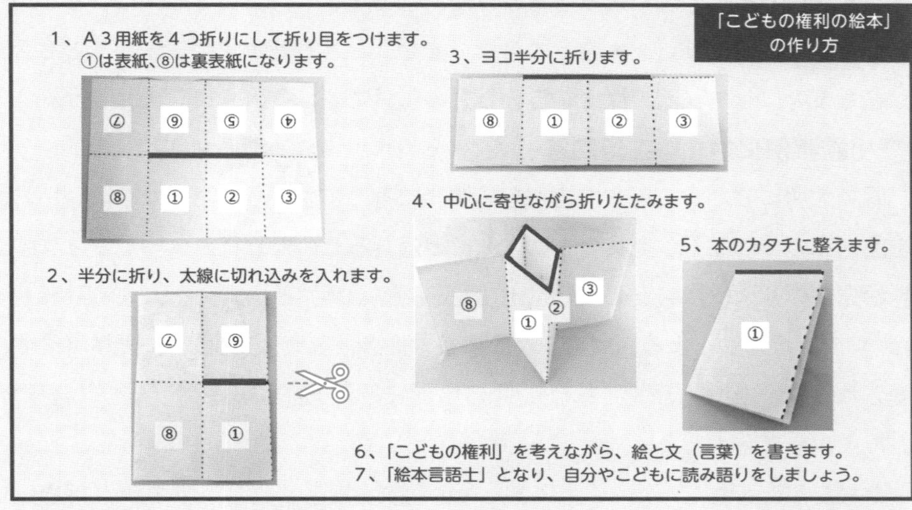

※「個人版」は、A３用紙を１枚使って、８コマを１人で作ります。作り慣れてくると短くて30分でできます。
※「チーム版」は、A３用紙を８枚用意します。表紙、６場面、裏表紙を話し合い、台割に起こして作成します。
※「チーム版」をコンパクトに作成する場合は、A３用紙を人数分用意して１人１枚書くなど工夫をします。
※「読み聞かせ」「発表会」をします。「いいな」と感じたら、「しゅっぱん！」と声をかけたり、拍手で讃えます。

こどもの人権擁護やこどもの権利を身構えずに楽しく学ぶなかで、こども観やこども理解につながります。「こどもにとって」とはどういうことなのか実感できるようになり、こどもにかかわる大人の人権擁護や大人の権利も尊重し合い、大切にできるようになります。

こどもライセンスカード

実際の相談事例

時間になると、こどもからおもちゃを取り上げる職員がいれば、こどもから距離を取って見守る職員もいます。考え方の異なる職員の言い争いなどを察知して、こどもは表情を変えたり、黙り込んだりします。園の理念とはいえない様子に違和感があります。どう指導したらよいでしょうか。

相談事例に対する基本回答

「何を大切にがんばっているのか」は、「こどもにとって」の面から考えましょう。大人にとっての思い込みや考え方が、園の理念や方針になってはいないですか。“～する子”は「こども事」の目標ですか。こども基本法の理念やこども大綱なども参考にして、園の保育を自分たちの言葉で語れるようにしましょう。

相談事例に対する応用回答

園で大切にしたいこどもの権利を具体的に考えましょう。耳当たりのいい言葉を並べるのではなく、職員の心にストンと落ちるものだと行動につながります。乳幼児期の５大欲求（安心、満足、参画、遊び、承認）と、グラッサー（Glasser, W.）の選択理論による人間の５大欲求（①生存（健康、安全）、②愛情（愛す、愛される）、③価値（敬意、尊敬）、④自由（好み、行動）、⑤思考（学び、発見））の視点から考えるとよいでしょう。

あなたがこどもだったら、園にどんな権利があるとうれしいですか。「好き嫌いを言う権利」「失敗しても許してもらえる権利」など、いろいろ出てくると思うので、「○○園のこどもの権利の大憲章」などとまとめます。そして、話し合い、響き合ったものに絞っていきます。コルチャック（Korczak, J.）の「こどもの権利の大憲章」などは参考になるでしょう。たとえば、「持ち物や小遣いの使い方を尊重される権利」「自分の悲しみを尊重される権利」など、「主体性」「自己肯定感」「最善の利益」などの理念も、こどもに伝えやすい言葉となります。「こどもライセンス」を作って、こどもの権利を広く認め合っていきましょう。

■組織のノウハウ・ツール「こどもライセンス」(図解)

≪こどもの５大欲求≫
乳幼児期のこどもの５つの欲求です。その子のその時により満たされたい欲求が異っても、全て満たされる権利があります。

≪人間の５大欲求≫
人間の基本の５つの欲求です。その人のその時により満たしたい最適な欲求を、最善となるように選択し積み重ねています。
①生存　健康、安全でいたい
②愛情　愛し、愛されたい
③価値　敬意、尊敬がほしい
④自由　好みで、行動したい
⑤思考　学びたい、発見したい

≪みんなの上質世界≫
シアワセだと感じる「今の自分だけの上質世界」が満たされる感覚が得られると、「相手の上質世界」を尊重し、一緒に響き合い、輝き合おうとします。

≪みんなの動的平衡≫
生き物理論です。動きながら分解と再生を繰り返し、常に自分を作り替え、相手や環境の変化に対してバランスを取り合い、持続可能な「幸せ」にします。

≪こどもライセンス≫
こどもと人間の両面で作られるこどもがもつ権利の証です。

■組織のノウハウ・ツール「こどもライセンスカード」(参考例)

○○○○年度 ver1

※「コルチャック先生のこどもの権利の大憲章」を参考に入れています。

「○○保育園のこどもの権利の大憲章」

第１条　愛を受ける権利
第２条　尊重される権利
第３条　最適な条件の下で成長発達する権利
第４条　現在を生きる権利
第５条　自分自身である権利
第６条　誤りを犯す権利
第７条　失敗する権利
第８条　真剣に受け止められる権利
第９条　あるがままの自分の真価を認められる権利
第10条　秘密をもつ権利
第11条　嘘言、欺き、盗みから守られる権利
第12条　持ち物や小遣いの使い方を尊重される権利
第13条　教育を受ける権利
第14条　正義にもとることに抵抗する権利
第15条　「こども裁判所」で仲間を裁いたり、仲間から裁かれる権利
第16条　少年司法制度で弁護士から弁護される権利
第17条　自分の悲しみを尊重される権利
第18条　神様と親しく交わる権利
第19条　未成熟のまま神様の許に召される権利

「○○保育園の保育信条」

こどものための保育園や法人として、青空となって、こどもたちの様々な育ちを受け止め、気持ちを受け入れ応答し、選択肢と可能性を広げる。

こどもから「楽しかった」「すき」といってもらえるように、こどもの意欲を満たす保育をし、一瞬一瞬、一日一日を、大切に積み重ねる。

「○○保育園の行動指針」

第１条　こどもに笑顔を見せる、笑顔を見る
第２条　こどもの目を見る、挨拶をする
第３条　こどもの好むスキンシップをする
第４条　のびのび、ゆったりと関わる
第５条　こどもの発する声・音に耳を澄ませる
第６条　こどもの発する意見を観察し応答する
第７条　こどもの多様な育ちを認めて肯定する
第８条　「ヨカッタ探し」をしヨロコビ合う
第９条　こどもが遊びに没頭できる環境を作る
第10条　こどものことをどんなときも話し合う
第11条　風通しのよい報告・連絡・相談をする
第12条　温かい無条件のストロークを贈る

※「こどもライセンスカード」は、名刺サイズで両面印刷などし、みんなに配布します。何回も更新し続けます。
※「○○保育園のこどもの権利の大憲章」(表面)は、こどもに伝えたい言葉に翻訳していくことがおススメです。
※「保育信条」「行動指針」(裏面)は、職員が○○園の保育を語れるように言葉にし、行動できるようにします。

こどもとけんりのおはなし❺

ポリアンナ

アメリカの作家、エレナ・ポーターによる『愛少女ポリアンナ物語』は、両親を亡くして孤児になった女の子ポリアンナが不幸や貧しさに負けずにがんばる物語です。事故に遭うなど不幸ななかでも前向きです。町の人を笑顔にします。それは牧師であったお父さんから「よかった探し」を教えてもらっていたからです。ルールはシンプルで「どんなことからでも“よかった”を探す」ことです。ポリアンナにとっての「指針」だったのでしょう。悲しくてできないときもありますが、「いけない！ 忘れてた」と思い出して、笑顔になります。

ポリアンナの口ぐせは、「わたし、とってもよかったって思うわ」です。保育者は、「よかったね」とうれしさやよろこびを意識的に発見し、共有することができる特別な人です。多くの時間を過ごす空間でたくさんの「小さな太陽」（倉橋惣三）に照らされたこどもは、きっと心からの笑顔が広がるでしょう。

お父さんからポリアンナへの最後のメッセージです。「いとしいポリアンナ。いろいろなことから上手によかったを探し出して、ホッとさせてくれた。これから先もそれを忘れてはいけないよ。これまでの生活にはないいろいろなことのなかで、本当によかったと思うことがたくさんある。よかったを探すんだ、いとしい子よ。そのよかった探しが、幸せになる」。

保育者は、こどもと一緒に「よかった探し」を続けて、「うれしかった」笑顔の輪を広げましょう。こどもの原体験となり、いつか卒園しても「よかった探し」がどこまでも続けてできるようになるでしょう。

おわりに

「ぼくにもけんりがある」「わたしにだってけんりがあるんだから」とこどもたちから聞いてみたいと、ずっと思っていました。そうしたら、こどもたちから「せんせいにもけんりがあるよ」とふとしたときに言ってくれるだろうと、ずっと思っていました。

「こどもの権利」は、守るもの、守られるばかりのものではなく、みんなと大切にするものだと思っています。「こどもの権利」が大切にされていると、「やってみる？」「うん！」といったやりとりが、保育者からこどもにはたらきかけるだけでなく、こどもやこどもたちから保育者にもはたらきかけられ、予想していなかった温かいやりとりも出てきます。「やってごらん」「どうだった？」といった今から未来に向けて一つひとつ経験・体験を増やして育ち合おうとするやりとりも同じようにあちこちから出てきます。「かなしいの？」「だいじょうぶ？」「まもってあげる」「どうぞ」などと、こども同士が年齢などを超えて交流し合う姿がみられます。「○○したい、だけれども、△△だから今は□□することにする」といった集団で育ち合おうとする姿がみられます。みんなの「こどもの権利」が大切にされているとわかるからこそ安心できて、やがてのびのびと挑戦することができるようになるためです。いつの間にかしまいこまれた意欲が表れ、できることをもっとできるようになりたいと張り切ります。できないこともいつの間にかできるようになっています。大人ばかりが肩に力を入れなくても、こども自身やこども同士の育ちを信じて頼りやすくなります。これは保育者が願ういきいきとしたこどもの育ちの１つではないでしょうか。

「こどもの権利」が大切にされていないと、こどもがだんだんメッセージを出さなくなっていくかもしれません。「ちょっと待ってて」「わかったから」といつまでも待たされているなかで、「ちょっと待つ」「わかる」ことが信じられなくなったり無力に感じていってしまうかもしれません。こどものつぶやきはか細くなり、笑顔が消えてしまうかもしれません。本当の声が消えていってしまうかもしれません。いつか、こどもにすら、誰にも聞こえなくなってしまうかもしれません。さらには、自分や相手をいじめたりと、本当の欲求が本当ではない欲求として表れてきてしまうかもしれません。大人は、「いい？」「わかった？」「お返事は？」などと焦りや不安がたくさんの言動に出てしまうかもしれません。一方的に、上から「○○なさい」「もう○○できません」などと言わなくてはいけないと思う瞬間が、増えてしまうかもしれません。働きにくいと思うことが増え、働きやすさが感じられなくなってしまうかもしれません。やりとりのなかから感じられるこどものすごさも、さりげない保育者のすごさも、なくなっていってしまいます。これは保育者のみんながおそれていることの１つではないでしょうか。

「こどもの権利をまんなかにした保育」をすると、みんなの声を聞きたくなり、もっとみんなと意味のある参加をしたくなり、一緒に保育を探究したくなるでしょう。やらなくていいことも見つかりますので、気づけば心身も楽になってくるでしょう。「やったね」「あのときはありがとう」などと成長している実感が、こどもからも保育者からも生まれるでしょう。最初は何かが変わることに戸惑うことも多いかもしれませんが、その何ともいえない痛みは変化をしている証拠です。「こどもの権利」「こどもの人権擁護」に対する理解を深化し、進化しようとするときに起きる成長痛のようなものです。結果として、不適切な保育とはどんどん縁遠いものにもなります。

本書を通して「こどもの権利」って面白いかもしれない、「不適切な保育」をこわがらなくてよくなるかもしれない、こどもの力を信じて力を抜いて保育をしてみようなどと思っていただけたらうれしいです。難しく感じられることが、わかりやすく親しみやすいから楽しくなり、身近な人ともう少し深く考えてみたいと、少しでも思ってもらえたら、本書における「中間整理」はおしまいです。どんどん、こどもたちや仲間たちと前に進んでいってください。迷ったりつまずいたりしたら、またあらためて「中間整理」「中間確認」をしてください。

さようならの前に、たくさんの困難を乗り越えて今につないでくれた先人や同輩、家族や同僚、保育施設の方々や中央法規出版の米澤昇さん、本当にありがとうございました。読者のみなさま、「こどもの権利を大切にする保育」をあらためて一緒に考えてくれて、心よりありがとうございました。「不適切な保育等を予防･解決する職場づくり」という最低限の義務を、「こどもの権利」「こどもの人権擁護」の観点から、悩み葛藤しながらも果たしていきましょう。使命感を感じながら、「こどもまんなか保育」を実践して、温かな社会貢献をしていきましょう。当事者としての責任に真摯に向き合い、「大人の権利」「大人の人権擁護」も置いてきぼりにしないようにしましょう。日本を含めた世界全体では「こどもの権利条約」を大切に考え、発展させようとしています。糸口となる切り口は、本書に残しておきました。こどもがヒントを教えてくれるでしょう。表情がほんのり赤らみ、笑顔でサインを示してくれるでしょう。そっと手を指し出して、手をつなぐチャンスが生まれるでしょう。保育者自身が「よかった」と心から思える瞬間が生まれるでしょう。こどもたちが「大きくなったね！」「すごい、びっくりした」などと想像もできなかった大人たちになっていることでしょう。正解はありません。これからも一緒に考えていきましょう。

関山浩司

著者紹介

関山浩司（せきやま・こうじ）
社会保険労務士法人こどものそら舎代表。保育士・社会保険労務士・中小企業診断士の視点から、保育施設の労務管理、運営管理に専門特化した支援はもとより、こどもの人権擁護、こどもの権利、第三者評価、マネジメント等を研究している。
著書に、『保育士等キャリアアップ研修テキスト7 マネジメント第２版』（分担執筆、中央法規、2020年）、『「知らなかった」じゃすまされない　ハラスメントを予防・解決する保育の職場づくり』（中央法規、2020年）など。

事例とワークで考える こどもの権利を大切にする保育
不適切な保育等を予防・解決する園づくり

2024年1月20日　初　版　発　行
2024年5月20日　初版第2刷発行

著　者　関山浩司

発行者　荘村明彦

発行所　中央法規出版株式会社

〒110-0016
東京都台東区台東3-29-1 中央法規ビル
TEL 03-6387-3196
https://www.chuohoki.co.jp/

印刷・製本　株式会社アルキャスト
本文イラスト　尾代ゆうこ（第2章、第4章、コラム）
中小路ムツヨ（第3章）
タナカユリ（第3章）
装丁・本文デザイン　mg-okada

定価はカバーに表示してあります。
ISBN978-4-8058-8983-1